모녀 여행버킷리스트 중심으로

싱가포르,

여행 속에서
삶을 디자인하다

싱가포르,

여행 속에서
삶을 디자인하다

초판인쇄 2020년 9월 25일
초판발행 2020년 9월 25일

지은이 이영지 · 유지원
사진 유병서
펴낸이 채종준
기획 · 편집 신수빈
디자인 손영일

펴낸곳 한국학술정보(주)
주소 경기도 파주시 회동길 230 (문발동 513-5)
전화 031) 908-3181(대표)
팩스 031) 908-3189
홈페이지 http://ebook.kstudy.com
전자우편 출판사업부 publish@kstudy.com
등록 제일산-115호(2000. 6. 19)

ISBN 979-11-6603-095-6 03910

모녀 여행버킷리스트 중심으로

싱가포르,

여행 속에서
삶을 디자인하다

글 이영지 · 유지원
사진 유병서

이담
Books

Contents

◆ 일러두기 ◆

'줌인Zoom-In 싱가포르'라는 주제로 현지에서 즐길 수 있는 내용을 자세히 설명했다. 그리고 추천하는 장소와 맛집들은 구글Google 검색이 용이하도록 영문 이름상호명을 정확히 했다. 제공된 상호명으로 구글 검색을 통해 평점과 사진, 리뷰를 중심으로 독자 스스로 방문 여부를 결정하였으면 한다.

• prologue

책을 쓴 이유는 두 가지가 있다.

첫 번째 이유는 싱가포르에 2년간 체류하며 느낀 것을 중심으로 싱가포르의 강점을 많은 이들과 공유하고 싶다는 것이었다. 두 번째는 성인이 된 딸아이와 이러한 강점들을 중심으로 싱가포르 여행 버킷리스트를 만들고, 이를 하나하나 즐기며 우리 미래의 삶의 방향을 리디자인Re-design한 이야기를 남기고자 했다.

미국, 프랑스에 이어 세 번째 해외 생활을 했다. 그러다 보니 이제는 많은 것들을 객관적으로 관찰하고 분석하는 습관이 생겼다. 각각의 삶들을 비교하고 차이점을 찾게 되고, 그들의 경제적, 사회적, 문화적 삶의 강점을 중심으로 체류 기간 동안 최대한 그것들을 누리는 요령(?)이 생겼다. 또한 이러한 그들의 모습은 어디서 시작되었는지, 왜 그런지를 깊이 생각하는 습관도 몸에 배었다. 그러한 과정을 통해, '싱가포르에서는 이런 것을 꼭 해보았으면, 혹은 해보길 바라는' 마음으로 버킷리스트Bucket-list를 만들어 보았다.

싱가포르는 모든 분야에서 동남아시아 허브Hub [1]가 되고자 한다. 금융의 허브, 가스트로노미Gastronomy, 미식의 허브, 교통의 허브, 문화예술의 허브, 중계 무역의 허브, 스포츠 허브, 라이프스타일&럭셔

---

1   허브(Hub): (특정 장소 활동의)중심지 · 중추

리 산업의 허브를 꿈꾼다. 그러한 목표는 정부의 강력한 리더십을 중심으로 한 정책과 '다양성과 공존'이라는 사회적 가치 안에서 이루어지고 있다. 오랜 기간 시민의식을 기반으로 개인들의 삶의 방식이 쌓여 형성된 유럽 문화와 달리, 싱가포르는 국가가 만든 틀 안에서 짜여진 사고방식과 만들어진 삶의 모습이라 할 수 있다. 국가 정책 차원에서 탑다운$^{Top-down}$ 방식으로 만들어진 싱가포르의 삶을 엿보았다. 여기에 엑스팟^{Expat}[2] 이라는 높은 소득의 유럽, 미국, 중동 출신의 체류 외국인들은 싱가포르에서 누릴 수 있는 많은 것들의 기준을 높여 놓았다. 또한, 싱가포르의 다양한 인종과 종교는 음식과 문화 등을 오젠틱^{Authentic}[3] 하게 만들었다. 그래서 싱가포르에는 동남아시아를 대표해서 즐길 것도 많고 그 범위도 넓다.

딸아이는 이제 성인이 되어 부모로부터 정신적으로 완전한 독립을 하는 중이다. 부모의 간섭과 통제에서 벗어나 주체적인 삶을 준비하려는 딸아이에게 앞으로 살아가면서 필요한 무언가를 얘기해 주고 싶었다. 여행은 함께하는 시간과 제3의 공간을 제공함으로써 일상에서 하지 못했던 일들을 가능하게 한다. 그래서 여행하듯 즐

---

2 엑스팟(Expat): Expatriate의 약자로 '해외 거주 외국인, 주재원'이라는 뜻이다.

3 오젠틱(Authentic): 진짜인, 정확한, 정통의

긴 싱가포르 버킷리스트를 통해 많은 것을 나눌 수 있었다. 그리고 그것을 책으로 쓰며 나는 맘속으로 이 아이를 떠나보내는 연습을 했다. 이제부터 나의 역할은 지원군일 뿐이라 생각하며. 박완서 작가에 의하면 '부모의 사랑은 아이들이 더우면 걷어차고 필요할 땐 언제든 끌어당겨 덮을 수 있는 이불 같아야 한다'고 했다. 그래서 이불 같은 존재가 되리라는 다짐과 함께 책을 써나갔다. 자주, 그리고 많이 하면 잔소리가 될 수 있는 말들이지만, 꼭 해주고 싶은 말들을 이 책에 다 담았다. 서로가 앞으로의 삶의 방향을 그리며 이해하고 동의하는 시간이었다.

이 책은 싱가포르를 완벽하게 이해하고 누릴 수 있는 16가지 버킷리스트를 두 명의 저자 관점에서 추린 것이다. 현지 체류자이자 여행자의 맘으로, 386⁴세대 엄마와 밀레니얼 세대⁵ 딸이 원하는 버킷리스트들을 중심으로 싱가포르에서 반드시 즐겨야 할 인프라와 이유를 적어 보았다. 그리고 각각의 버킷리스트를 실천하며 싱가포르를 통해 배운 지혜를 중심으로 우리가 앞으로 어떻게 살아갈지 편지로 이야기했다. 여행하는 곳의 삶의 특징을 발견하면서 삶에 대

---

4   386세대는 1960년대에 출생하여 1980년대에 대학생활을 했고 1990년대에 30대였던 사람들

5   밀레니얼(millennials) 세대: 1980년대 초(1980~1982년)부터 2000년대 초(2000~2004년)까지 출생한 세대

해 여유롭게 이야기하고자 하는 많은 모녀 혹은 여여女女 커플들에게 이 책을 권하고 싶다.

살면서 가장 여유로운 시간을 싱가포르에서 보냈다. 대학생인 딸아이도 우리와 함께 6개월이라는 시간을 보낼 수 있었다. 그동안 직장, 일, 학업 등으로 가족과 딸에 대한 미안함이 많았는데, 오롯이 가족을 위해 최선을 다할 수 있고 딸아이와 진하게 함께 소통하고 지낼 수 있는 시간이 주어졌었다. 하나님이 주신 소중한 기회였고 선물이었다. 그동안 나는 나 자신이 엄마라는 것을 '마음 · 가슴'이 아닌 '머리'로만 이해하며 딸아이를 대했다. 함께 눈 마주치고 스킨십을 하면서 맘껏 이야기를 해주거나 들어주지 못했던 것이 아쉬웠다. 내 아이에 대한 사랑과 이해, 배려, 몰입의 시간이 많이 부족했다. '가슴'으로 '엄마'임을 느끼기까지 20년이라는 시간이 들었고, 그래도 '엄마'임을 가슴으로 느끼게 해준 딸이 있어 나는 행복하다. 아이를 통해 내가 성장했고 성숙했다. 그래서 딸이 고맙다.

또한 여러 나라에 살며 체험할 수 있게 해준 남편에게 감사하고 싶다. 고등학교 시절부터 나의 정신적 기둥이 되어 준, 30년이 넘은 친구이자 인생의 반려자인 남편이 없었으면 지금의 나의 모습도 없을 듯하다. 이 책을 빌려 다시 한번 고맙다고 전하고 싶다.

2020.9. 이영지

▶ 페라나칸 도자기, 일명 '뇨나자기'

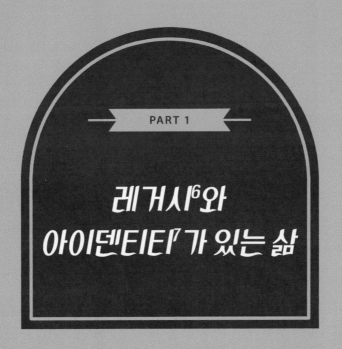

PART 1

레거시[6]와 아이덴티티[7]가 있는 삶

6　레거시(Legacy): 부모 혹은 조상으로부터 전해 내려오는 전통과 유산

7　아이덴티티(Identity): 정체성

♥ 엄마 버킷리스트 1.
싱가포르 혼합 문화 탐색하기

① 페라나칸 문화를 찾아서

싱가포르 창이Chang-i 공항에 처음 들어설 때 느낌은 아직도 생생하다. 다른 외국 공항보다 맘이 편하고 부담감이 적었다. 미국이나 유럽에 들어설 때와는 달리 동서양인들이 적당히 섞인 환경은 이국적인 느낌은 그대로 간직한 채 동양인이 갖는 심적 부담을 줄여 주었다. 더구나 싱글리시[8]는 우리처럼 배워서 사용하는 영어라서 주눅도 덜 들었던 거 같다. 그런데 그러한 편안함과 여유로움은 싱가포르가 다양한 인종들이 모이고 섞여 만들어 낸 전통과 문화에 기인한다는 것을 살면서 알게 되었다.

---

8   싱글리시: 싱가포르(Singapore)와 영어(English)의 합성어로 싱가포르에서 사용하는 독특한 영어를 지칭한다.

프랑스 파리에 살면서도 다양한 인종과 문화를 접할 수는 있었다. 하지만 피부색에 따른 차별과 주류문화에 따르지 않아 그들로부터 받는 종교적 배타성도 보게 되었다. 그래서 소위 말하는 '멜팅 팟Melting Pot, 용광로'은 참으로 이상理想적인 단어라고 생각했었다. 그런데 다인종, 다문화, 다종교를 바탕으로 하는 '다양성의 가치와 전통'은 싱가포르를 가장 잘 표현한 단어들이다. 싱가포르는 '동양과 서양'이 공존하고, '기독교와 이슬람, 불교, 힌두교', '중국계, 말레이시아계, 인도계, 그리고 코카시안' 등이 어울려 상호 존중하며 산다. 그러면서 그들만의 독특한 '페라나칸'이라는 문화도 만들어 냈다. 또한 최근에는 더 많은 인종과 문화가 이동하고 체류한다. 서로 다른 인종과 문화들이 어떻게 조화를 이루며 살아가는지 배울 수 있는 곳이 싱가포르이다.

페라나칸(Peranakan)이란?

'싱가포르 역사'는 1819년에 시작되었다. 사실 14세기경에도 무역 중심지로 아랍 및 인도, 중국 상인들의 왕래가 잦은 곳이었다고 한다. 하지만 본격적인 싱가포르 역사의 시작은 1819년으로 보고 있다. 그해 동인도회사 직원이던 영국인 스탬퍼드 래플스Stamford Raffles, 1781~1826경이 말레이시아 조호Johor 지역의 술탄으로부터 싱가포르를 넘겨받아 자유 무역항으로 개발하기 시작했다. 이에 중국계 화교를 비롯하여 인도, 아라비아, 동남아시아 각지의 이민자들이 유입되어 형성된 나라가 싱가포르이다. 그런데 그 당시 무역이나 노동을 위해 건너 온 사람들은 주로 남성들이었다. 그로 인한 불균형한 성비는 한 예로 1901년에는 인도인 남성 1,000명당 인도인 여성이 171명에 불과[9]했다고 한다. 그래서 많은 이민자 남성들이 현지 토착민인 말레이시아 여성들과 결혼하게 되고, 그 사이에 태어난 혼혈인과 그 문화를 일컬어 '페라나칸'이라고 한다. 여행책을 통해 주로 우리에게 알려진 페라나칸은 '바바 페라나칸Baba community Peranakan' 으로 중국계 이민자와 말레이시아 여성 사이에 태어난 후손들을 말한다. 하지만 면밀히 말하자면, 페라나칸이란 '~태생의Born of', '~자녀의Child of'라는 뜻으로 말레이어로 '아이Child'를 뜻하는 '아나크Anak' 에서 유래한 말이다. 그래서 싱가포르는 많은 지역에서 이민자들이 이주해 와 만들어진 국가인 만큼 페라나칸의 부류도 다양하다.

예를 들어, 남인도 이슬람교도와 현지 여성의 후손들은 '자위 페라나칸Jawi Peranakan', 남인도 상인과 현지 여성의 후손들인 '치티 멜라카 페라나칸Chitty Melaka Peranakan' 혹은 '페라나칸 인디안Peranakan Indians', 중국 유럽계 페라나칸Chinese Eurasian Peranakan, 아랍계 등등 다양하다. 주류를 이루는 중국계 바바 페라나칸도 다시 테츄 바바Teochew Baba, 호키엔 바바Hokkien Baba, 하카 페라나칸Hakka Peranakan 등 그들 중국 본토 출신 지역에 따라 나뉜다.

역사가 깊지 않은 나라라서 그런지 지금의 싱가포르는 자신들의

---

9 고길곤, 《싱가포르 다시 보기》, 문우사, 2017, 51p.

‣ 페라나칸 뮤지엄 전시실, 다양한 페라나칸 소개

정체성을 찾는 노력들이 많다. 그 중, 식문화도 그 뿌리를 찾아 스
토리를 입히고 발전시켜 나가고 있다. 싱가포르 전통식이라면 말레
이 음식에 중국 혹은 다른 민족의 맛이 가미되어 탄생한 '페라나칸
음식'을 의미한다. 다양한 인종과 문화가 어우러져 '페라나칸'이 탄
생한 것처럼, '페라나칸 음식'도 '매콤 달콤 새콤' 등 여러 맛이 조
화롭게 섞여 독특한 맛을 자아낸다. 매운맛이긴 한데, 지금까지 우
리 한국인들이 알지 못하는 다른 매운맛에 특이한 향신료의 향이

‣ 비프렌당

‣ 락사

가미된 듯하면서 코코넛의 달콤한 맛도 느낄 수 있다. 맛도 깊이가 깊은 편이다. 그래서 호불호好不好가 많이 갈리는 음식들이다. 대표적인 요리들로는 아얌부아켈루악Ayam Buah Keluak, 닭고기와 블랙너트를 넣고 맵고 칼칼하게 만든 매운 찜닭이나 비프렌당Beef Rendang, 맛이 깊고 감칠맛이 나는 소스로 양념한 소갈비찜, 락사Laksa, 매콤하면서도 코코넛 밀크가 들어가서 부드럽고 고소한 맛이 나는 국수 등이 있다.

페라나칸 요리

소박하면서도 심플한 페라나칸 가정식 요리들이 싱가포르 현지 셰프들을 통해 한층 업그레이드되고 세련되어지고 있다. 내셔널 갤러리National Gallery 2층에 위치한 셰프 바이올렛 운Violet Oong이 운영하는 '내셔널 키친'은 정통의 페라나칸 음식을 그들의 분위기로 고급스럽게 즐길 수 있는 곳이다. 세계 2차 대전 중에 태어난 셰프 바이올렛은 푸드 저널리스트였으나, 페라나칸 음식을 보존, 개발하기 위해 요리를 시작하였다고 한다. 여성 셰프인 바이올렛은 페라나칸 식문화

▸ 재해석된 페라나칸 음식

에 대한 깊은 애정을 가지고 갖가지 요리를 세련되게 제공한다.

반면 페라나칸 요리로는 처음으로 미슐랭 스타를 획득한 말콤 리 Malcolm Lee 의 '캔들넛Candlenut', 보태닉 가든 안에 있는 제이슨 탄Jason Tan 의 '코너하우스Corner House'에서는 다양하게 재해석된 메뉴들을 제공한다. 페라나칸 요리의 재료와 맛을 여러 방법으로 디자인하여 맛을 새롭게 구현하고 프레젠테이션Presentation 방식도 한층 격을 높였다.

혼혈 후손인 페라나칸은 무역상이자 사업가로서 다른 문화의 수용에 강하다. 그래서 이들이 만들어 낸 문화도 당시 유럽 문화를 적극 수용하여 동양과 서양식 결합 형태의 의식주 문화가 주를 이룬다. 예를 들어, 파스텔톤의 다채로운 색상의 도자기, 일명 '뇨냐자기Nyonyaware' 세트나 용기들은 18세기 유럽 로코코 시대의 도자기를 떠올리게 된다. 또한 페라나칸 양식의 집, 일명 '숍하우스Shop House' [10] 는 18세기 유럽 부르주아들의 도심 주택과도 유사하다. 물론 규모 면에서는 비교가 안 되지만, 1층을 사무실이나 상점으로 이용하고 있는 측면에서는 유럽 문화의 반영이 아닌가 싶다.

싱가포르인들에 의하면, '페라나칸이 된다는 의미'는 물질적 문화나 언어, 식문화에만 국한된 것이 아닌 여러 세대에 거쳐 형성된

---

10 숍하우스(Shop House): 싱가포르의 전통 가옥으로, 1820년대부터 1970년대까지 지어진 2~3 층 규모의 작은 건물이다. 대개 1층은 상점이고 2층은 주거용이다. 특히 1900년대 이후 지어진 숍하우스들은 바로크 양식과 아르데코 양식을 반영해 지은 유럽풍의 건축으로 파스텔톤의 색 상을 사용한다. 숍하우스를 볼 수 있는 곳은 에메랄드 힐(Emerald Hill), 차이나 스퀘어, 클럽 스 트리트, 카통(Katong) 등이 있다.

‣ 뇨냐자기

‣ 숍하우스

가치와 태도, 전통을 포용하고 계승하는 것이라고 한다. 싱가포르는 각각의 페라나칸이 가진 그들의 전통적 가치와 태도, 언어, 문화는 계승하되, 싱글리시라는 공용어를 통해 하나의 국가관과 정체성을 형성하여 작지만 강한 도시국가를 만들어 냈다.

② 올드 앤 뉴(Old&New), 공존의 거리

프랑스 파리에 살 때 가장 좋았고 즐겼던 것은 산책이었다. 날이 좋으면 좋아서, 에펠탑이 반이 잠길 듯이 구름이 가득한 부슬비가 오는 날에도 무조건 걸었다. 그 이유는 걸으면서 볼 수 있는 모든 것들이 오랜 역사와 스토리를 가지고 있기 때문이었다. 내가 내디디고 있는 도로 위의 돌도, 스치는 건물도, 다리도, 모두 오랜 그들만의 스토리를 가지고 있다.

반면 싱가포르는 1965년 말레이연방으로부터 독립 후 50여 년 동안 도시 콘셉트 플랜을 가지고 개발 및 재생을 통해 완성된 인위적인 도시국가이다. 그래서 도심의 모든 시설과 시스템들이 매우 편리하게 되어 있다. 또한 홍콩이나 뉴욕을 방불케 하는 하늘 높이 치솟은 빌딩들, 스카이라인, 쇼핑몰도 멋지고 편하다. 2010년 매립지 위로 마리나베이 샌즈 호텔이 들어선 이후 얼핏 보면 현대식 건축의 절정을 이루는 것 같이 보인다. 반면 유럽의 어느 거리에서나 느낄 수 있었던 고즈넉한 정취나 느낌, 이야기는 처음에는 없어 보인다. 아마도 보이는 것만 관광하다 간다면 싱가포르의 이미지는

▶ 빌딩 숲 사이의 숍하우스–에머랄드 힐

인위적이고 현대적인 도심 빌딩 숲 정도일 것이다.

하지만 싱가포르를 조금만 더 깊이 있게 관찰하고 간다면, '공존 共存'의 의미가 무엇인지를 느끼게 된다. 빌딩 숲들을 거닐다 보면, 갑자기 20세기 초 지어진 낮은 건물들이 늘어선 곳들을 쉽게 접할 수 있다. 예를 들면, 오차드 거리 Orchard Road를 걷다가 발견한 '에메랄드 힐'의 모습은 아직도 눈에 선하다. 뭔가 다른 골목인 듯하다고 생각하며 들어섰는데, 발걸음은 멈춰지지 않고 계속 골목 안으로 빨려 들어가는 느낌이었다. 마치 시간 여행을 하는 기분이 들었다. 그 이후, '올드 앤 뉴'가 적절하게 공존하는 그 모습이 싱가포르의 또 하나의 매력이라 생각했다. 그 이후 앤시앙 힐 Ann Siang Hill, 텔록아이에 Telok Ayer, 케옹섹 로드 Keong Saik Rd, 티옹바루 Tiong Bahru 등을 찾아다니며 옛 싱가포르의 정취를 느끼고자 했다.

케옹섹 로드

한국 식당이 많아 나름 '코리아타운'으로 불리는 탄종파가 Tanjong Pagar를 걷다 '크래그 로드 Craig Road'를 지나 '닐 로드 Neil Road'로 올라가다 보면, 케옹섹 로드 초입에 이른다. 현지인들이 거주하는 골목 구석구석에는 감각적인 카페와 다이닝 레스토랑, 바 Bar 등 시크릿 플레이스가 많다. 특히 금요일 밤에는 스페인, 이탈리아, 멕시코 레스토랑이나 펍 Pub들은 불금 불타는 금요일을 즐기려는 현지인들과 엑스 팻들로 가득 찬다.

▸ 케옹섹 거리와의 Pinnacle HDB

1900년대 초에 지어진 파스텔톤의 숍하우스들이 모여 있는 거리가 궁금하다면, 앤시앙 힐&클럽 스트리트 Club Street, 블레어 로드 Blair Road 를 추천하고 싶다. 파스텔톤의 숍하우스를 그대로 보존해 만든 이국적인 분위기의 레스토랑, 카페, 펍, 부티크, 호텔 등이 많다. 특히 앤시앙 힐은 싱가포르에 거주하는 외국인들과 현지 멋쟁이들이 많이 찾는 스타일리시한 골목으로 우리나라로 치면 '삼청동' 분위기가 난다.

텔록아이에

말레이어로 '해변의 거리'라는 뜻을 가진 텔록아이에는 '신앙의 거리'라는 별칭도 가지고 있다. 고층 빌딩들이 가득하여 마치 서울 여의도를 방불케 하는 도로 사이에 상점이 달린 한옥 마을을 발견한 느낌이다. 지금은 빌딩 숲 사이에 덮여 있지만, 과거에는 해변이었다. 그래서 많은 이민자들이 싱가포르에 도착하면 가장 먼저 발을 내딛던 매우 중요한 의미가 있는 거리였다. 고향을 떠나 무사히 항해를 마치고 도착한 중국, 인도 이민자들은 '감사의 뜻'으로 사찰과 사원들을 지었다. 또한 사원들은 이민자 공동체를 강화하는 중요한 역할을 했다. 그래서 지금도 이 거리를 거닐다 보면, 싱가포르에서 가장 아름다운 사찰로 알려진 '시안 혹켕 사원 Thian Hock Keng Temple'과 남인도인들이 지은 기념관 등을 발견할 수 있다. 도심 안의 오래된 사원들을 보며 싱가포르 초기 이민자들의 애환과 소원을

느끼는 시간 여행이 가능한 곳이다. 반대편 텔록아이에로 가다 발
견한 옛 모습 그대로의 야쿤토스트 본점은 싱가포르에서 느끼고 싶
은 편안함과 여유로움을 준다.

티옹바루

처음 본 티옹바루의 느낌은 한국의 '과거 동부이촌동' 혹은 '반포 주공 1단지 곧, 재건축 예정이나'에 들어선 것이었다. 이제 한국에서는 점차 사라지고 있는 한국 초창기 아파트 단지 느낌이 들었는데, 역시나 싱가포르에서 가장 오래된 공공주택 단지라고 한다. 티옹바루의 뜻은 '새로운 묘지'다. '티옹Tiong'은 중국 호키엔 방언으로 '끝'을 의미하며, '바루Bahru'는 말레이어로 '새로운'이라는 뜻으로 과거 무덤으로 사용이 된 곳이다. 1930년대 당시, 오염되고 비위생적이었던 이곳을 도시재생의 개념으로 최초의 공공주택 단지로 만들었다고 한다. 이때 경제적으로 부유한 중국인들과 서양인 사업가들의 거주지로 탈바꿈된 곳이다. 당시의 부의 상징과도 같던 현대식 공공주택이 세월이 흘러 지금은 다시 고즈넉한 옛 정서를 자아내고 있다. 이러한 옛 주거 지역에 프랑스식 베이커리와 독립서점, 숨은 맛집들이 들어서면서 최근 싱가포르에서 가장 주목받고 있는 곳이 되었다.

▸ 티옹바루 거리의 상점들

페라나칸 음식 맛보기

상호명	주소	비고
내셔널 키친 (National Kitchen by Violet Oon)	1 St. Andrew's Rd. #02-01, National Gallery	페라나칸 요리의 대모, 바이올렛 운이 운영. 페라나칸 요리의 세련된 변신
캔들넛 (Candlenut)	17A Dempsey Rd.	페라나칸 요리 최초로 미슐랭 원스타 획득
트루블루 (True Blue)	47/49 Armenian St.	페라나칸 박물관 옆에 위치
심플 페라나칸 (Simply Peranakan Cuisine)	28 Cavenagh Rd. #01-05 Hotel Chandellor	싱가포르 총리도 방문했던 레스토랑
블루진저 (The Blue Ginger Restaurant)	97 Tanjong Pagar Rd.	
와일드로켓 (Wild Rocket)	10A Upper Wilkie Rd	
관호순 (Guan Hoe Soon Restaurant)	40 Joo Chiat Pl.	
328카통락사 (328 Katong Laksa)	51 East Coast Rd.	대표적인 페라나칸 요리인 '락사'로 미슐랭 가이드에 등재됨

페라나칸 문화 체험하기

① 에메랄드 힐(Emerald Hill)

– 오차드 거리 옆 파스텔톤의 페라나칸 건축물과 숍하우스 단지로 싱가포르에 거주하는 부유한 엑스팟 주거 단지로 변신 중

② 카통(Katong)

– 전통적으로 페라나칸, 유라시안 등의 중류층 지역민과 부유한 상인 계층이 모여 살았던 곳으로 페라나칸 전통 스타일의 건물과 문화가 있는 싱가포르 동부 지역 전통지구

– 추천 장소

　A. 킴 츄 쿠에 창Kim Choo Kueh Chang: 다양한 향신료와 페라나칸 의류, 비즈 장식, 자수, 보석 및 바텍 직물 같은 페나라칸 고유의 공예품 전시 판매

　B. 이스트코스트 카통 거리: 주치앗 로드에서 쿤생 로드의 페라나칸 스타일의 전통 주택 단지

③ 블레어 로드(Blair road)

– 민트 그린 혹은 베이비 핑크의 파사드, 페라나칸식 타일, 프랑스 스타일의 창문 등 중국, 말레이, 유럽식 주거문화가 혼합된 형태의 1920년대에 지어진 숍하우스 거리

④ 페라나칸 뮤지엄(Peranakan Museum)

– 페라나칸 역사와 문화, 생활을 소개하는 전시관

– 주소: 39 Armenian St. Singapore

⑤ 바바 하우스 뮤지엄(Baba House Museum)

– NUS(싱가포르 국립대학)부설 박물관으로 이곳에서는 페라나칸 유물 복원 작업 등 학술적인 활동도 병행하고 있는 곳으로 학술원의 자세한 설명을 곁들인 1시간여의 가이드 투어를 실시

– 주소: 157 Neil Rd Singapore

올드 앤 뉴 공존의 거리 핫플레이스

지역	상호명	특징 및 주소
케옹섹 로드 주변 (Keong Saik Road)	루차 로코 (Lucha Loco)	세 명의 창업자가 멕시코 여행 중 멕시칸 스트리트 푸드와 문화에 푹 빠져 오픈한 레스토랑 주소:15 Duxton Hill
	비노미오 (Binomio)	스페인 타파(Tapa)와 와인레스토랑 주소: 20 Craig Rd. #01-02 Craig Place
	번트앤즈 (Burnt Ends)	2018년 미슐랭 원스타를 받은 호주식 스테이크 레스토랑 주소: 20 Teck Lim Rd.
	만만 우나기 (ManMan Unagi)	미슐랭 가이드 빕그루멍에 2년 연속 오른 일본 장어 덮밥집 주소: 1 Keong Saik Road, #01-01
	포테이토 헤드 폴크 (Potato Head Folk)	인도네시아 발리에서 포테이토 헤드 비치 클럽(Photato Head Beach Club)을 운영하는 PTT 패밀리가 만든 라운지 바 주소: 36 Keong Saik Rd.
앤시앙 힐&클럽 스트리트 (Ann Siang Hill&Club Street)	피에스 카페 (PS Café)	싱가포르에서 가장 핫한 카페로 8개 이상의 체인 보유 주소: 45 Ann Siang Rd, #02-02
	라 테라짜 루프탑 바 (La Terraza Rooftop Bar)	마리나베이 빌딩 숲 루프탑 바에서 보는 야경과는 다른 차이나타운의 아기자기함이 담긴 소박한 야경 만점 주소: 12 Ann Siang Rd.
	오퍼레이션 다거 (Operation Dagger)	고급 칵테일 전문점 주소: 7 Ann Siang Hill, #B1-01,
	롤라(Lolla)	지중해 스타일 레스토랑과 칵테일 바 주소: 22 Ann Siang Rd,

올드 앤 뉴 공존의 거리 핫플레이스

지역	상호명	특징 및 주소
티옹바루 (Tiong Bahru)	북스액추얼리 (Books Actually)	싱가포르 최대의 소설 및 문학 전문 독립서점 주소: 9 Yong Siak Street.
	빈쵸 (Bincho)	70년 이상 영업하던 코피티암 자리에 생긴 일본 고급 이자카야 주소: 78 Moh Guan Terrace, #01-19.
	플레인바닐라 (Plain Vanilla)	컵케이크 및 유기농 아이스크림이 유명한 카페 주소: 1D Yong Siak Street.
	티옹바루 베이커리 (Tiong Bahru Bakery)	한국에도 진출해 있는 스타 셰프인 콘트란 쉐리에 (Gontran Cherrier)와 합작해서 탄생한 고품격 프렌치 베이커리 주소: 56 Eng Hoon Street, #01-70
	티옹바루 마켓 (Tiong Bahru Market)	웻마켓(Wet Market)이라고 불리는 싱가포르 전통 재래시장 주소: 30 Seng Pho Rd.

딸 버킷리스트 1.
미슐랭 스타 레스토랑 탐색하기
- 음식과 음식 문화를 통해 정체성을 찾다 -

클럽메드 회장인 지스카르데스탱은 "밀레니얼 세대는 여행 자체보다 여행 경험을 '공유'하는 것을 의미 있게 생각한다. 즉 이들에게는 관광보다 더 중요한 것이 여행 과정이나 여행이 끝난 뒤 스냅챗이나 인스타그램, 페이스북 등 소셜미디어에 자신들이 보고 듣고 해봤던 것들을 사진과 동영상 등으로 올리면서 소통하는 것"[11]이라고 했다. 2~30대인 밀레니얼 세대로서 나는 이 말에 크게 공감을 하였다.

프랑스 교환학생 기간이 끝나고 친구들과 한 달 동안 유럽 여행을 한 적이 있다. 여행을 하면서 친구들과의 잊을 수 없는 추억을

---

11 매일경제(2018.05.08), http://news.mk.co.kr/newsRead.php?year=2018&no=292265

쌓기도 했지만, 지속적으로 각 나라 및 도시들의 사진과 하루하루의 일상을 인스타그램에 올리면서 나만의 여행일지를 써 내려갔다. 이렇게 하나하나 친구들에게 나의 이야기를 들려주면서 하트를 받고 댓글을 읽으면서 뿌듯한 느낌도 들었다. 그리고 지금도 우울할 때 또는 심심할 때는 다시 인스타그램에 들어가서 추억을 되새기는 것이 일종의 취미가 되었다. 그런데 이러한 나만의 여행일지에서 빼먹을 수 없는 것이 '맛집Gourmet 콘셉트'이었다. 교통비, 숙박비 등은 최대한 아꼈지만, 먹는 것만큼은 사치를 부리자는 생각으로 여행을 했다. 나를 포함한 많은 젊은이들은 평상시에 못해 보았던 새로운 경험과 그 순간의 행복을 즐기고 친구들과 공유하는 재미로 이런 일점호화一點豪華적 소비를 하며 스트레스를 푸는 것 같다. 어떻게 보면, 지금까지 하루하루를 열심히 살아왔던 '나에 대한 보상'이라 생각한다. 그래서 여행 중 '최고급 한 끼'를 통한 '일점호화'에는 아끼지 말라는 말을 전해 주고 싶다. 어느 정도 고가품 또는 고가의 서비스를 제공받을 때의 스트레스 해소와 은근히 느껴지는 쾌감을 느껴 보길 바란다.

글로벌 미슐랭 스타 셰프 레스토랑

싱가포르에는 정말 다양한 인종과 문화가 존재한다. 너무 동양인들로 치우쳐 있지도 않고 적당히 서양인들도 많이 볼 수 있는 유일한 아시아 국가이다. 그러므로 전 세계의 음식을 만끽할 수 있는 적

합한 곳이라고도 생각이 된다. 싱가포르 전통식인 페라나칸부터 시작하여 중식, 일식, 인도식, 프랑스식 등 다양한 미슐랭 스타 레스토랑들을 쉽게 찾을 수 있고 그만큼 선택의 폭이 넓고도 종류가 다양하다.

'싱가포르' 하면 가장 먼저 떠오르는 랜드마크는 마리나베이 샌즈 호텔과 호텔 앞에 있는 마리나베이 더 숍스The Shoppes at Marina Bay일 것이다. 이곳에는 글로벌 럭셔리 브랜드 숍부터 시작해서 미슐랭 스타를 받은 셰프들의 레스토랑들을 쉽게 찾아볼 수 있다. 영국에서 미슐랭 스타를 받은 고든램지Gordon Ramsay, 일본인 셰프 와쿠다 테츠야Wakuda Tetsuya, 프랑코 아시안Franco-Asian 식으로 유명한 저스틴 퀙Justin Quek까지 그 이름만 들어도 유명한 셰프들의 레스토랑이 가득하다. 또한 동남아시아에서 최초로 미슐랭 가이드북을 발간한 나라인 만큼 싱가포르는 전략적으로 '가스트로노미 시티Gastronomy City'가 되고자 한다. 동남아시아 '가스트로미 허브'를 구축함으로써 싱가포르는 세계 각국의 부호들을 지속적으로 유인하고 있다.

싱가포르 미슐랭 스타 셰프

반면 미슐랭 가이드북 발간 초창기인 2016년에는 세계 각국의 유명 셰프들의 레스토랑이 스타를 받았지만, 2018년부터는 그들의 로컬 셰프들이 미슐랭 스타를 획득함으로써 싱가포르의 전통 음식인 페레나칸 요리를 고급화하고 있다. 싱가포르는 음식을 통해서도 그들만의 정체성을 강화하고 있다. 대표적으로 캔들넛의 말콤 리 셰프와 코너하우스의 제이슨 탄 셰프는 '페레나칸 음식'을 재해석하여 새롭게 탄생시킨 미슐랭 스타 셰프들이다.

그 중 캔들넛은 페레나칸 음식으로는 처음으로 2016년 미슐랭 스타를 받고, 이어 3년 연속 스타를 유지하고 있다. 말콤 리는 어린 시절 가정에서 먹던 페라나칸 요리를 고급 요리의 반열에 올려 놓았다. 고유의 식문화와 그 뿌리를 받아들이고 매일 새로운 식재료를 사용한 요리를 통해 싱가포르인들의 정체성을 더욱 확고히 지켜 나가고 있다. 이곳의 대표적인 음식들이 몇 가지가 있지만, 그중 말콤 리 셰프가 가장 추천하는 요리는 두 가지가 있다. 쿠에 살라^{Kueh Salat} 라는 케이크와 케루악 아이스크림^{Keluak Ice Cream} 이다. 둘 다 디저트이지만, 말콤리는 자신이 어렸을 때의 향수를 생각하며 재해석해서 만들었다고 한다. 말콤 리 어머니가 만들어 준 쿠에 살라는 쌀로 만들어진 빵 위에 판단^{Pandan} 커스터드를 올린 것인데, 말콤 리는 페라나칸 요리 재료를 대표하는 판단주스를 더 풍부하게 가미했다고 한다. 또한 원래 닭^{말레이어로 '아얌Ayam'} 요리에 많이 사용되는 부아케루악^{Buah Keluak}이라는 너트^{Nuts}를 디저트에 적용해 보고 싶다는 생각에 케루악 아이스크림을 만들었다고 한다. 디저트명만 보고는 '아얌케루악 ^{Ayam Keluak: 전통 치킨 찜 요리}'이 떠올라 그 맛을 상상하기 힘들었는데, 막상 먹어 보니 기대 이상의 신기한 맛으로 재료의 특성을 독창적으로 재해석했다는 생각이 들었다. 이렇게 다양한 모험을 하는 셰프인 만큼, 다른 페레나칸 요리들도 더 모던하면서도 고급스럽게 제공하고 있다.

▸ 캔들넛의 페라나칸 요리들

동남아시아 가스트로노미 허브

이런 고급 레스토랑에 직접 가보면 평상시에 느끼지 못하는, 즉 특별한 사람이 되는 것을 느낄 수가 있다. 레스토랑에 입장할 때부터 음식이 제공될 때까지의 모든 과정이 '배려'의 연속이다. 그리고 음식이 나왔을 때 그 한 접시를 만들기 위한 셰프가 어떤 노력을 했는지 고스란히 살펴볼 수 있다. 음미하기 전에는 매니저 또는 운 좋은 경우는 셰프가 직접 나와서 요리의 콘셉트, 사용된 재료, 세팅된 식기와 프레젠테이션의 의미, 음미吟味하는 방법까지 설명해 주는 경우가 많다. 이렇게 레스토랑과 각각의 요리의 스토리를 듣고 있으면, 지금 내가 먹고 있는 음식이 나만을 위해 준비된 것이라는 생각이 든다.

캔들넛 내부

‣ 캔들넛 내부

싱가포르는 저렴한 가격요리의 미슐랭 스타 레스토랑들을 처음으로 배출한 나라이며 아직까지 유일한 나라이기도 하다. 예를 들자면, '호커 찬Hawker Chan'은 호커센터Hawker Center [12]에 위치해 있는 미슐랭 스타2018년 기준 식당이다. '홍콩 소야소스 치킨 라이스 앤 누들Hong Kong Soya source chicken rice and noodle' 한 가지 메뉴만 팔며, 가격은 미슐랭 스타 음식임에도 불구하고 한화로 3~4,000원밖에 안 한다. 전문가가 인정해 준 저렴하면서 맛있는 음식을 즐기고 자랑할 수 있는 것은 싱가포르에서만 가능할 것 같다.

이런 레스토랑 방문 이외에도 싱가포르 관광청 사이트[13]에 들어가 보면, 싱가포르에서 개최하는 다양한 행사들을 볼 수 있다. 예를 들자면, 매년 3월 말에 열리는 '싱가포르 레스토랑 위크Singapore Restaurant Week'가 있는데, 이 행사 기간에는 고급 레스토랑에서 3가지 코스 점심을 S$35, 저녁은 S$45 가격대로 즐길 수 있다. 또한 미슐랭 스타 레스토랑에서도 점심은 S$45, 저녁은 S$65로 3가지 이상의 코스 요리를 맛볼 수 있다2018.03 기준.

미슐랭 가이드 스트리트 푸드 페스티벌The Michelin Guide Street Food Festival [14]도 열리는데, 이 행사는 전년도 미슐랭 스타 또는 구르멍Gourment을

---

12 호커센터(Hawker Center): 과거 노점상들이던 각각의 상점들이 모여 형성된 식당가로 현대의 푸드코트(Food Court)와 유사

13 싱가포르 관광청, http://www.visitsingore.com/en/

14 Michelin Guide Singapore, https://guide.michelin.sg/en/michelinstreetfoodfest2018?utm_source=Homepage

받은 레스토랑과 호커센터 식당 등 15군데가 참가하여 싱가포르 스트리트 푸드를 맛보도록 하는 행사이다. 금년 2018년에는 '만만 우나기Man Man Unagi'의 장어 덮밥, 싱가포르 페라나칸 대표 음식점인 '블루진저'의 두리안 첸돌, '송오브인디아Song of India'의 버터 치킨과 난 등 다양한 나라의 음식을 S$3부터 즐길 수 있었다. 그리고 한 달 후에는 세계 미식가 축제World Gourmet Summit를 개최함으로써 보다 창의적인 음식들을 소개해 주며 많은 요리사들의 관심과 창의력을 이끌어 내곤 한다.

싱가포르 미슐랭 레스토랑(2019 기준)

레스토랑명	셰프	등급	주소
레자미 (Les Amis)		미슐랭 쓰리스타 / 프랑스식	1 Scotts Road #01 – 16
오데뜨 (Odette)	쥴리앙 로이에 (Julien Royer)	미슐랭 쓰리스타 / 프랑스식	1 Saint Andrew's Road
신센한텐 (Shinsen Hanten)	첸 케타로 (Chen Kentato)	미슐랭 투스타 / 중식(사천식)	Level 35, Orchard Wing, Mandarin Orchard, 333 Orchard Rd
와쿠긴 (Waku Ghin)	와쿠다테츠야 (Wakuda Tetsuya)	미슐랭 투스타 / 일식	2 Bayfront Avenue, Level 2 Dining, L2–01, The Shoppes at Marina Bay Sands,
컷 바이 울프강 퍽 (Cut by Wolfgang Puck)	울프강 퍽 (Wolfgang Puck)	미슐랭 원스타 / 양식	2 Bayfront Avenue, B1–71, Galleria Level The Shoppes at Marina Bay Sands
코너하우스 (Corner House)	제이슨 탄 (Jason Tan)	미슐랭 원스타 / 퓨전식	Botanic Garden, 1 Cluny Rd
캔들넛 (Candlenut)	말콤 리 (Malcom Lee)	미슐랭 원스타 / 페라나칸식	17A Dempsey Rd

싱가포르 미슐랭 레스토랑(2019 기준)

레스토랑명	셰프	등급	주소
레이가든 (Lei Garden)		미슐랭 원스타 / 중식(광동식)	30 Victoria St
써머팰리스 (Summer Palace)	리우 에임 (Liu Aims)	미슐랭 원스타 / 중국(광동식)	7 Raffles Avenue, The Ritz—Carlton Hotel
송오브인디아 (Song of India)		미슐랭 원스타 / 인도식	33 Scotts Rd
번트앤즈 (Burnt Ends)		미슐랭 원스타 / 호주식 BBQ	20 Teck Lim Rd

싱가포르에서 살면서 가장 많이 느끼고 배운 것 중 하나가 '레거시Legacy'
라는 단어란다. '레거시'란 대를 이어 계승되고 지속되는 '과거로부터의 유산
과 전통'을 뜻하지. '레거시가 있다'는 것은 자신의 정체성에 대한 자긍심도
높여준단다. 하지만, '레거시'는 단기간에 형성되지 않는단다. 많은 시간과
노력이 필요하지. '레거시'를 인정받는 것은 상대로부터 존중을 받는 것이
고. 다민족 다종교 문화의 싱가포르에는 다양한 레거시가 존재하고 이를 상
호 존중한단다. 반면 다양한 민족들이 만들어 낸 '싱가포르'라는 '레거시'를
끊임없이 만들어 가고 있단다. 짧은 역사, 너무도 다양한 민족과 언어, 문화
때문인지 더 열심히 만들어 내고 소중히 발전시켜 나가는구나. 하다못해 네
글에서도 언급했듯이 '음식을 통한 정체성'마저 찾고 유지하려고 노력 중이네.
제니스 웡, 말콤 리 같은 젊은 셰프들에 대한 지원과 홍보 등이 부럽구나.

너도 알다시피 엄마에게는 직업병이 있단다. '브랜드 마케팅'을 하다 보
니 '아이덴티티', 즉 이상理想적인 브랜드 정체성을 설정하고 이에 걸맞는 브
랜드가 가져야 할 가치들을 만들어 내지. 그리고 이러한 가치들이 소비자들

에게 전달될 수 있도록 브랜드가 가지는 색깔과 느낌, 행동과 사고의 기준들을 일관성 있게 제공하고 실천해 가며 목표 이미지와의 차이를 줄여, 정체성을 확고히 해나간단다. 이는 기업이나 상품에만 해당하는 작업이 아니야. 국가에도, 가정에도 해당하지. 정체성을 확립하고 합의된 공동의 가치^관와 기준, 규범이 생기면 서로의 다툼이나 '부정^{不定}'이 덜 하기 때문이야. 그래서 어려서부터 잔소리 같지만 항상 부모가 중요시하는 몇 가지의 가치를 너에게 계속 주입(?)했던 거 같구나. 어떤 중요한 의사 결정의 문제가 발생해도 우린 그런 가치^관와 기준에 맞추어 합의하기 위해서였어. 잔소리같이 귀가 따갑게 들었겠지만 이 또한 교육·길들임이야. 정체성을 확립해 가는 것도 길들이는 작업이니까. 싱가포르는 끊임없이 국민들을 교육시키고 있는 거 같아.

이제는 스스로 판단하고 행동하는 성인이 되어 행동에 대한 책임도 네가 온전히 지는구나. 그래도 우리가 생각하는 중요한 가치들을 잊지 말고, 상호 존중하는 가족이 되었으면 해.

갑자기 다양한 인종의 학생들이 똑같은 교복을 입고 어울려 하교하는 모습이 떠오르네요. 중국인, 인도인, 아랍인, 서양인 등 다양한 인종의 학생들이 웃고 떠드는 모습을 보고 그들을 인종별로 나누고 볼 것이 아니라 당연히 하나의 '싱가포리안Singaporean'으로 대우해 줘야 한다는 생각이 들었어요. 그러면서도 어떻게 저렇게 조화롭게 지낼 수 있는지 참 신기하다는 느낌도 받았고요.

차츰 싱가포르 생활에 익숙해지고 싱가포르에 관련된 책들과 뉴스를 보면서 싱가포르 사람들은 인종이 아니라 국가 정체성을 더 중요시한다는 것을 알게 되었어요. 새로운 싱가포르인을 만나면 "나는 어느 나라인종 출신이야"라는 대답보다 "나는 싱가포리안이야"라는 대답을 항상 들었던 것 같아요. 사실 유럽에서는 "나는 이탈리아 출신 프랑스인Italian French이야"처럼 자신을 소개할 때 소속 민족과 국가를 동시에 표현하는 것과 대조가 되었어요. 싱가포르에서는 어떻게 모두가 이렇게 같은 대답을 하는지가 궁금했는데, 어렸을 때부터 '서로를 존중하라Respect each other'라는 교육을 끊임없이

받아 온 덕에 서로를 인정해 주고 조화롭게 살 수 있다는 것을 알게 되었어요. 서로의 레거시에 대한 존중이 삶의 기본이 된 듯해요. 어찌 보면 당연한 일인데, 단일 민족성과 고유 혈통을 중시하는 한국인으로서 그들을 이해하는 데 시간이 좀 걸렸네요.

그리고 국가 정체성 및 레거시를 소중히 간직하고 발전해 나가는 모습은 싱가포르의 독립기념일National Day 때 정점을 찍었던 것 같아요. 8월 9일 독립기념일에는 남녀노소 인종을 불문하고 이날을 경축하며 즐기는 모습이 정말 국가 최고의 축제라는 생각이 들었어요. 그리고 현재의 싱가포르 발전을 이루어 낸 자신들을 축하하며 '싱가포리안' 스스로에 대한 자부심을 고취시키며 응원하는 모습이 부럽기도 했고요.

▶ 핸더슨 웨이브즈(HENDERSON WAVES)다리

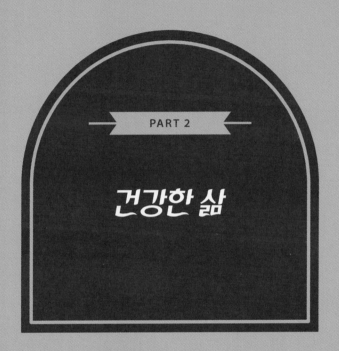

PART 2

건강한 삶

♥ 엄마 버킷리스트 2.
마리나베이에서 노천 요가 도전하기

　30대 중반에 접어들면서 나잇살의 의미를 알게 되었다. 멀쩡했던 셔츠 단추 하나가 '톡'하고 튕겨 나가는 순간, 다이어트와 운동이 필요하다는 생각이 들었고 매일 1시간씩 뛰기 시작했다. 한 달여그렇게 운동을 했음에도 불구하고 체중은 1g의 차이도 보이지 않았다. 좌절의 순간이었다. 그때 식사량을 반으로 줄이고 운동을 하는데 눈물이 났던 기억이 생생하다. 배고픔을 안고 1시간을 뛴다는것이 너무 슬프게 느껴졌다. 이때부터 시작된 운동은 거의 15년 이상을 즐기며 이제는 나의 일상으로 자리 잡게 되었고 살면서 가장잘한 것 중 하나라고 생각하고 있다. 나를 아끼는 중요한 수단이 되었으니까. 또한 운동은 나에게 '하루하루 살아가는 에너지와 전투력?'을 키워주는 소중한 삶의 방식이었다. 미국 유학을 마치고 '경단녀^{경력 단절 여자}'를 벗어난 기쁨도 잠시, 재취업 후 1~2년간 강도 높은 격무와 스트레스로 몸이 많이 망가졌다. 몸이 쇠약해지니 일에 대한 자신감도 떨어지고 정신적으로도 위축이 많이 되고 있었다. 그때부터 새벽으로 운동 시간을 변경, 운동량과 강도를 높이며 '출근 전에 전투력을 키운다' 생각하면서 열심히 운동을 했다. 그렇게 운동을 하고 출근을 하면 발걸음도 가볍고 사무실에 들어서자마자 큰 소리로 아침 인사도 건넬 수 있었다. 이때의 인사는 '오늘도 잘 해 봅시다'라는 상대방에 대한 나의 외침이자 다짐이었다. 그만큼 하루의 시작을 보다 적극적으로 하게 되니 일도 자연스럽게 잘 해낼 수 있었다. 이때 알았다. 운동은 신체적인 건강만이 아니라 나의 정신력을 키워주고 강하게 해준다는 것을.

싱가포르 비즈니스 중심 지구(CBD)

뉴욕 맨해튼, 홍콩과 같이 싱가포르에서도 초고층의 빌딩들 스카이라인을 볼 수 있다. 전 세계 유수한 은행과 글로벌 기업들이 모여 있는 이곳을 비즈니스 중심 지구^{CBD: Central Business District} 라고 부른다. 마리나베이에 위치한 이곳은 세계에서 가장 바쁘고 흥미진진한 도시 중심지 중 하나이다. 더구나 어둑해지는 저녁 시간에는 지친 하루를 마무리하기 위해 열심히 운동을 즐기는 사람들이 많다. 삼삼오오 모여 조깅을 하거나, 단체로 부트 캠프^{트레이닝 프로그램} 혹은 줌바 댄스를 즐기는 모습이 싱가포르의 밤을 더욱 활기차게 만든다. 특

히 매주 화요일 저녁 마리나베이 CBD 파이낸셜 센터 내 야외 공간
에서는 누구나 '줌바 댄스' 그룹에 끼여 1시간 동안 즐길 수 있다.
퇴근 후 집에 가기 전에 모인 직장인들, 근처 아파트 거주민들 100
여 명이 모여 커다란 앰프에서 나오는 라틴 음악에 맞추어 율동에
몰입하다 보면 땀과 함께 몸과 마음의 노폐물이 다 사라지는 듯하
다. 이렇게 단체로 모여 댄스 혹은 '단체 운동'을 즐기는 것을 싱가
포르인들은 좋아한다. 도심 빌딩 한가운데 외에도 HDB^{싱가포르 공공}
^{주택} [15] 단지 내 커뮤니티 공간에서는 이런 운동을 아침, 저녁으로 즐
기는 사람들이 많다. 정부에서도 이러한 활동을 권장하는 분위기이
며, 보다 업그레이드된 미래 형태[16]의 HDB 단지에는 남녀노소 이웃
들이 모여 상호 교류하고 건강을 챙길 수 있는 다양한 커뮤니티 공
간을 제공하려고 한다.

---

15 1960년에 설립된 주택 정책을 총괄하는 정부 부서를 HDB(Housing and Development Board)
   라고 한다. 1964년 HDB는 상환 기간 15년에 낮은 이자율이 적용되는 주택 부금을 제공하고,
   20년 동안 매달 분납 상환하도록 하여 국민의 85% 이상이 주택을 소유하게 했다. 이런 제도에
   의해 공급된 아파트를 흔히 HDB 플랫이라고 부른다.

16 'Kampong Admiralty'는 미래형 HDB 시범 단지이다.

CBD 전경

그룹 운동(GX)

'줌바 댄스' 그룹 외에도 마리나베이에서는 노천에서 스트레칭, 요가를 하는 사람들을 쉽게 찾아볼 수 있다. 건장한 트레이너 혹은 전문 피트니스 강사를 사이에 두고 7~8명이 길바닥에 둘러앉아 스트레칭도 하고, 기구를 가지고 근력도 키우는 사람들도 쉽게 볼 수 있다. 각자 요가 매트를 깔고 마리나베이 데크Deck에서 강사의 가이드에 따라 숙련된 요가 실력을 뽐내는 사람들, 멋지고 컬러풀한 러닝복을 차려입고 땀에 흠뻑 젖어 달리는 사람들도 많다.

싱가포르 저녁의 조깅은 해는 졌지만, 남은 낮의 열기와 습기로 운동 후 땀에 흠뻑 젖을 수 있어 운동의 쾌감을 충분히 느낄 수 있다. 스스로 '번 아웃Burn Out'이 되지 않기 위해 하루하루의 지친 일상과 스트레스를 땀과 함께 씻어 버리고 또 다른 내일을 준비하는 그 모습

▸ 마리나베이에서 요가

▸ 마리나베이에서 줌바 댄스

이 멋지게만 보인다. 또한 개인적으로 운동을 좋아해서 그런지 그들의 모습을 보면 맘속으로 힘껏 응원을 해주게 된다. 이렇듯 싱가포르에는 녹음이 가득한 공원은 물론 싱가포르의 랜드마크들이 많은, 풍경 좋은 이런 비즈니스 중심지구에서도 아웃도어 부트 캠프Outdoor Boot Camp를 즐길 수 있다. 실내의 답답함을 벗어나 맘껏 신선한 공기를 들이마시며 혼자보다는 여럿이 어울려 운동할 수 있는 곳을 찾아 즐겨보고 싶은 마음이 간절해진다. 반면 싱가포르에는 자연을 그대로 즐길 수 있는 자연 트레일+트레킹 코스도 많다. 도심 빌딩 숲을 벗어나 한적한 자연 속의 싱가포르를 누리는 것도 색다른 경험이 될 것이다.

싱가포르 주요 트레킹 코스

싱가포르는 '그린시티(Green City)'이다. 그래서 도심 곳곳에, 그리고 각각의 고층 건축물에도 층간마다 정원이 꾸며져 있다. 식물이 잘 자라는 자연환경 영향도 있겠지만, 모든 도심과 빌딩들을 설계할 때 '그린시티'의 이미지를 위한 공간들이 사전에 기획된 인위적인 결과이다. 이렇듯 '자연미와 인공미'를 적절하게 조화를 이루는 곳이 싱가포르이다. 삭막할 것 같은 도심 빌딩과 공공주택들 사이에는 반드시 녹음이 가득한 정원들이 자리 잡고 있으므로 어디서든 간단한 산책이나 트레킹을 즐기기 좋다. 하지만 가능하면 해가 질 무렵부터 즐기는 것이 적도의 열기를 조금이라도 피할 수 있을 것이다.

싱가포르에서 트레킹을 즐길 수 있는 유명한 곳으로는 서던리지스, 보태닉 가든, 쥬빌리 워크 코스 등이 있다. 그리고 2011년에 만든 '가든스 바이 더 베이(Gardens By the Bay)'는 싱가포르 녹화사업의 완결판이자 완벽한 트레일 코스이다.

1) 서던리지스(Southern Ridges)

싱가포르 하면 '마천루' 가득한 도시를 연상하기 쉽다. 그런데 도심 지하철역에서 서너 정거장만 가면 10㎞에 달하는 산책로를 만날 수 있다. '서던리지스'는 공원과 공원을 이어서 싱가포르 도시와 항구, 숲과 공원 등을 즐길 수 있도록 만든 산책로다. 서던리지스는 '하버프론트(Harbourfront)'에서 시작해서, '마운트 페이버 파크(Mount Faber Park)', '텔록 블랑가 힐 파크(Telok Blangah Hill Park)', '호트 파크(Hort Park)'를 지나 '캔트 리지 파크(Kent Ridge Park)'까지 이어진 길이다. 이중 가장 유명한 것이 마운트 페이버 파크와 텔록 블랑가 힐 파크를 연결하는 용처럼 구불구불한 모습의 육교, '핸더슨 웨이브즈(Henderson Waves)'이다. 이곳에서 인생샷을 한 장 찍으며, 탁 트인 도시, 항구, 남쪽 섬의 모습을 즐겨볼 만하다.

2) 유네스코 세계유산, 보태닉 가든(Botanic Garden)

1859년에 오픈하여 160년 역사를 가진 '보태닉 가든'은 현재 유네스코 세계유산에도 등재되어 있다. 피크닉을 즐기거나 아침, 저녁으로 조깅을 하는 싱가포르인들을 쉽게 만날 수 있다. 작은 여러 개의 정원과 호수, 산책로, 숲이 조성되어 있을 뿐 아니라, 싱그러운 푸른 자연 속에서 미슐랭 스타 셰프의 요리도 즐길 수 있는 레스토랑도 있다. 특히 1928년부터 '난(蘭)'을 키우기 시작해서 현재 천 여종의 난 종류가 서식하고 있고 세계에서 가장 큰 '국립 난 정원(National Orchid Garden)'이 있다. 해외 국빈 방문 시 '국빈의 이름을 딴 난'을 개발하여 선물하는 경우도 있으니 우리나라 대통령 이름의 '난'을 한번 찾아보는 것도 좋을 듯하다.

‣ 오아시아 호텔 그린빌딩   ‣ 보태닉 가든 정경

싱가포르 주요 트레킹 코스

3) 싱가포르 독립 50주년 기념 8km 트레일 코스 '쥬빌리워크(Jubilee Walk)'

싱가포르가 독립 50주년을 맞이하여 2015년에 그들의 역사를 한눈에 볼 수 있는 주요 건물이나 장소를 엮어 트레일 코스로 론칭했다. 그해 11월 내셔널 갤러리가 리노베이션 하여 재오픈한 날에 론칭된 이 코스는 일명 '쥬빌리 워크'라 불리며 총 8km에 해당한다. 코스는 싱가포르 국립박물관에서 시작해서 17개의 스폿을 거쳐 마리나 베라지(Marina Barrage)에 이른다.

▸ 쥬빌리워크 표지판

싱가포르 주요 트레킹 코스

▸ 쥬빌리워크 18개 코스

싱가포르 국립박물관(National Museum of Singapore) → 포트캐닝 파크(Fort Canning Park) → 중앙소방서(Central Fire Station) → 구 경찰서 · 현 정보통신부 건물(Old Hill Street Police Station) → 싱가포르 리버(Singapore River) → 아시아 문명 박물관(Asian Civilization Museum) → 빅토리아 시어터 앤 콘서트홀(Victoria Theater and Concert Hall) → 파당(The Padang) → 내셔널 갤러리(National Gallery) → 아트하우스(The Arts House at The Old Parliament) → 국회의사당(Parliament House) → 플러톤 호텔(Fullerton Hotel) → 멀라이언파크(Merlion Park) → 쥬빌리 브릿지(Jubilee Bridge) → 에스플러네이드(Esplanade) → 헬릭스 브릿지(Helix Bridge) → 가든스 바이 더 베이(Gardens By the Bay) → 마리나베라지(Marina Barrage)

♥ 딸 버킷리스트 2.
열대과일, 두리안 도전하기

모든 여성이 반드시 한 번쯤은 해보는 일들이 몇 가지 있다. 그중 다이어트는 대한민국 여성이라면 한 번쯤은 해보았고, 한번 시작을 하면 365일 떼어 놓을 수 없는 단어? 행동? 습관? 인 것 같다. 그리고 이제는 안 먹는 다이어트보다 '건강한 다이어트'가 유행이 되면서 다이어트는 하되 과일을 통해 각종 비타민과 미네랄을 섭취하는 경우가 많다.

우리 집 아침식사는 밥 대신에 색색의 과일과 생과일주스로 상이 차려진다. 한국에서는 철마다 나오는 과일 서너 가지들로 차려졌다면, 싱가포르에 와서는 과일 종류가 더 풍성해졌다. 싱가포르에는 전 세계 각국에서 과일들이 수입되기 때문에 망고, 리치, 패션프루트, 망고스틴, 복숭아 등 다양한 컬러의 과일들이 아침상에 올라

온다. 이렇게 다양하게 먹기 때문에 각종 비타민을 챙겨 먹지 않아도 건강을 챙길 수 있다. 싱가포르는 자국에서 생산하는 과일의 비중이 10% 밖에 안 되고 나머지 90%는 수입한다고 한다.[17] 미국, 호주, 뉴질랜드, 중국 등에서는 신선과일을, 인근 국가인 말레이시아나 태국, 필리핀 등에서 열대과일을 수입한다. 그래서인지 거의 전 세계의 과일들을 골고루 맛볼 수 있는 유일한 나라라고 할 수 있다. 인근 동남아 국가들에서 수입한 열대과일 등을 냉동이 아닌 신선한 상태로, 그리고 적당하게 맛이 든 상태로 즐길 수 있는 것도 싱가포르에서의 즐거운 경험이 될 수 있다. 특히 재래시장이나 쇼핑센터, 백화점 어디서든 먹기 좋은 크기로 소포장된 과일들을 파는 곳이 많기 때문에 싱가포르 여행 중 꼭 권하고 싶은 일이기도 하다.

▸ 열대과일

▸ 두리안 속 노란 과육

---

17 농민신문(2016.12.14), https://www.nongmin.com/plan/PLN/SRS/31332/view

과일의 왕, 두리안

싱가포르에 살면서 가장 많이 들어 본 질문이 있다. "두리안을 드셔보셨나요? 처음엔 거부감이 있지만, 한두 번 먹다 보면 헤어 나올 수 없는 중독의 맛이에요"라고. 마치 적도에서 살려면 통과의례처럼 잘 먹어야 할 거 같은 과일, 두리안. 싱가포르인들은 '두리안' 마니아들이다. 마리나베이에 있는 에스플러네이드 건물의 애칭이 '두리안 빌딩'이라는 것만으로도 두리안에 대한 싱가포르인들의 생각을 알 수 있다. 하지만 두리안을 많은 이들이 자주, 잘 먹긴 힘들다. 생각보다 비싼 가격의 고급 과일로 통하기 때문이다. 그래서 두리안 철이 되면 싱싱한 두리안을 찾아 말레이시아로 여행도 간다고 한다. 최근 중국에서도 두리안 열풍이 불고 있는데, 그 가격이 한 통에 US $150 ^{2018.08 기준}이나 된다고 하니 정말 럭셔리한 과일인 것이다. 그래서 그 많은 열대과일 중에서 내가 추천하고 싶은 과일은 바로 '과일의 왕'인 두리안이다.

처음에는 퀴퀴한 냄새 때문에 거부감이 많이 들 수 있다. 마치 '은행'이 짓눌려 나는 고약한 악취와 비슷했다. 하지만 익숙해지면 헤어 나올 수 없는 중독 가능한 맛이다. 프랑스에서 '염소 치즈' 맛과 향에 중독되듯이. 특히 크림치즈를 좋아하는 사람들은 두리안의 식감에 반할 것이다. 울퉁불퉁하게 생긴 큰 겉모습과는 달리, 조그마한 상처에도 바로 망가져 버릴 것 같은 서너 개의 부드러운 노란 과육으로 채워져 있다. 몇 겹의 두꺼운 목장갑과 비닐장갑을 끼고 능수능란한 솜씨로 그 뾰족뾰족한 껍질을 벗겨 내면, 크리미한 과육이 큼지막한 씨에서 떨어져 나온다. 그 과육들을 스티로폼 통에다 담아 주면 근처에 있는 탁자에서 먹으면 된다. 이렇게 떼어 낸 과육에 붙어 있는 실뭉치를 떼어 먹는 느낌도 좋고, 조금씩 떼어 먹는 맛도 하나의 묘미이다.

두리안은 냄새가 심하기 때문에, 싱가포르에서는 두리안을 가지고 지하철 또는 버스 같은 대중교통 수단을 이용할 수 없다. 택시 기사들도 웬만하면 깨끗하게 관리하는 사람들이 많기 때문에 탑승 거부를 당할 수도 있다. 그래서 재래시장에는 두리안을 잘라, 바로 먹는 곳들이 꼭 한두 곳 이상은 있다. 처음 먹는 사람들은 좀 역겨울 수도 있지만 냄새만 극복하면 중독될 수 있는 맛이다.

▸ 지하철 내 두리안 반입 금지 표시 등

▸ '두리안 빌딩'의 애칭을 가진 에스플러네이드(Esplanade)

하지만 도전하기가 힘들다면 두리안을 먹는 몇 가지 요령이 있다. 냄새가 견디기 힘들 정도로 역겹다면 냉동실에 과육 한 개씩 비닐봉지에 넣어서 얼렸다 먹는 방법이 있다. 그리고 두리안과 귤을 함께 먹는다면 오묘하게 멜론 맛이 나서 보다 부담이 적다. 또한 두리안은 과육에 붙어 있는 실 같은 부분이 가끔 텁텁하게 느껴질 때가 있는데, 이때 우유와 함께 먹는다면 두리안 빙수를 먹는 느낌이 나면서 잘 먹힌다. 그래도 먹기 힘들다 싶으면 두리안으로 만든 디저트를 즐기면 된다. 두리안 아이스크림, 두리안 퍼프, 두리안 빙수, 맥도날드 두리안 맥플러리까지 있을 정도이니, 어떤 방법으로든 시도해 보기 바란다.

두리안은 특히 '여성'에게 좋은 과일이다. 여성들에게 특히 추천하는 이유는 부종을 없애 주고, 수분공급, 피로 회복, 노화 방지에 좋기 때문이다. 또한 뜨거운 성질의 과일이기 때문에 아랫배^{자궁}가 찬 사람들이 꾸준히 먹으면 배가 따뜻해진다고 한다.

다재다능한 과일, 코코넛

두 번째로 추천하고 싶은 과일은 코코넛이다. 동남아시아 요리에 가장 많이 사용되는 과일이기도 하지만 싱가포르에서는 또 다른 특별한 의미가 있다. 싱가포르의 전통식인 페라나칸은 중식과 말레이식을 혼합해 놓은 퓨전 음식인데, 이런 페라나칸 음식에 대표적으

▼ 두리안 아이스크림

▼ 두리안 퍼프

▼ 두리안 젤라

▸ 코코넛 음료와 아이스크림

로 들어가는 재료 중 하나가 코코넛이다. 또한 싱가포르 같은 더운 날씨에서는 코코넛 음료를 즐겨도 좋다. 물론 우리나라에서도 가끔 워터파크 같은 곳에서 먹어 볼 수 있지만, 맛의 차이를 확연히 느낄 수 있다. 코코넛 크기 자체부터 두 세배 더 크며, 코코넛 안에 있는 뽀얀 과즙의 달콤한 맛이 더위에 지친 갈증을 달래 준다. 더구나 호커센터에서 매콤짭짤한 음식을 먹은 후에는 입가심으로 안성맞춤이다. 그 시원하고 달콤한 물을 한껏 마시고, 과육에 붙어 있는 새하얀 쌀 같은 것을 긁어먹으면 젤리같이 미끌미끌한 것이 입안에서 돌아다니는 재미도 느낄 수 있다.

동남아시아의 감초, 레몬그라스

마지막으로, 레몬그라스 차Lemongrass Tea를 먹어 보라고 하고 싶다. 우리에게 레몬그라스는 동남아시아의 대표적인 향으로 기억될 수 있다. 향 자체는 많은 사람들이 맡아 보았을 것이라고 생각이 든다. 한국에서도 많은 상점에서 레몬그라스 향을 방향제로 사용하기도 한다. 그래서 처음에 음료로 마시거나 반미Ban-mi: 베트남식 샌드위치 등에 넣어 먹는다고 생각하면 조금 거부감이 들 수 있다. 하지만 이곳 동남아시아에서는 육수를 내거나 기타 요리 재료로 레몬그라스를 많이 사용한다. 예를 들면, '똠양꿍'의 시큼한 맛이 레몬그라스의 맛이다. 반면 일반가정에서는 판단 잎과 함께 섞어서 우리나라 '보리차'와 같이 많이 마신다. 덥고 습한 적도의 날씨에 갈증을 씻어 주고 피로감을 회복해 주는 데는 레몬그라스만 한 음료가 없다. 레몬그라스 차는 달콤한 것과 달콤하지 않은 것으로 나뉘는데, 개인적으로 달지 않은 차를 추천한다. 달콤한 레몬그라스 음료 같은 경우는 설탕물에다 레몬그라스 향수를 뿌린 맛 같아서 개인적으로 거부감이 들었기 때문이다. 하지만 레몬그라스 차 또는 판단 잎과 섞은 차를 통해 더위를 한 번에 가시게 하는 신기한 효과를 느껴 보길 바란다.

레몬그라스 홍수집골점 ▾

▴ 레몬그라스 티

두리안 디저트 및 과일 전문점

종류	매장명	주소
두리안 퍼프, 두리안 아이스크림	굿우드파크 호텔 1층 더델리 Goodwood Park Hotel 'The Deli'	22 Scotts Rd.
두리안 젤라또	젤라떼리아 이딸리아 (Gelateria Italia)	201 Victoria St. Bugis Junction.
두리안 스무디, 와플, 팬케이크	두리안 엠파이어 (Durian Mpire)	Bukit Jurong Point, 1 Jurong West Central 2, #02-K91K10
두리안 아이스크림	맥도널드(McDonald), 캔들넛(Candlenut)	
두리안 사고	아쮸디저트 (Ah Chew Dessert)	181 Thomson Rd, Goldhill Centre
두리안 챈돌	블루진저 (The Blue Ginger)	97 Tanjoing Pagar Rd
두리안 빙수	지드치 디저트 (Ji De ChiDesset)	68 Orchard Rd, #B2-53 Plaza
두리안 과일	겔랑 재래시장 내 아훙 술탄 두리안 (Ah Hung D24 Sultan Durian)	204 Geylang Rd.

‣ 재래시장에 진열된 열대과일들

▸ 재래시장에 진열된 열대과일들

다이어트라는 미명하에 너에게 운동을 요구했지만, 규칙적이고 생활화된 운동은 언젠가는 너의 정신적 스트레스를 바쳐 주는 든든한 버팀목이 될 거야. 스트레스를 받거나 갑자기 몸이 쇠약해졌다고 운동을 시작하고 이를 꾸준히 유지한다는 것은 생각보다 쉬운 일이 아니란다. 평소에 규칙적이고 일상이 되어야 운동이 가능한 거지. 어느 날 갑자기 하는 것이 아니라 '식사'를 하듯, 매일매일 꾸준히 실천해 주어야 가능한 일이거든. '계속하는 힘'의 위력이 발휘되는 거지. 다행히 '운동'을 너의 '일상'으로 만들고 있는 네 모습을 보니 기특하기도 하고 행복하다.

또한 '명상Meditation'과 같이 심층적인 내면의 세계로 몰입하게 도와주는 활동, 그리고 네가 좋아하는 요가 등은 스트레스를 줄이고 창의성을 높이는 데 큰 도움이 될 거야. '명상'을 통한 '자아 성찰'은 자신의 생각, 감정, 행동을 세심하게 그리고 객관적으로 살피는 과정을 반복할 수 있게 해준다. 이는 자신의 어려움을 극복하게 해주는 강력한 자산이 되리라 생각해.

그리고 최근에 엄마가 푸욱 빠져 있는 '필라테스'도 권하고 싶구나. 자신

도 모르는 사이에 몸의 균형과 자세가 정상에서 많이 벗어나 있더라. 이를 잡아 주고 균형점을 찾아 주어 아픈 것을 예방할 수 있으니 이것도 즐길만해.

자녀들이 평생 건강하게 살아가도록 해줄 수 있는 방법에는 종교를 갖는 것과 운동을 습관화하도록 돕는 것이라고 생각해. 정신적 건강을 위해 항상 자신의 삶을 성찰할 수 있는 종교와 육체적 건강을 위한 운동, 이 두 가지는 꼭 너에게 주고 싶은 나의 바람이고 목표였단다. 이제 네가 잘 지켜 나가길 바랄게. 사랑해.

　　저도 사실 대학 들어간 이후 운동이라는 단어를 빼놓고는 저 자신을 설명할 수 없을 것 같아요. 처음에는 러닝머신에 올라가는 것조차 싫었는데, 매일매일 꾸준히 하다 보니 장시간 뛸 수 있는 제 모습을 발견했어요. 제가 어릴 적부터 회사 가기 전에 헬스장 가서 운동하시는 엄마, 자기 전에는 짧으면 30분 길면 1시간 동안 스트레칭하는 엄마를 보고 따라 하다 보니 어느새 운동이 저의 일상이 된 것 같아요. 운동을 나의 일상으로 만드는데 벌써 4년이나 되었네요. 앞으로도 열심히 운동해서, 몸과 마음을 단단히 할게요.

　　이렇게 운동도 중요하지만 식습관도 정말 중요한 것 같아요. 바쁘신 와중에도 아침마다 과일을 깎아 주고 출근하신 엄마의 모습이 아직도 눈에 선해요. 색색의 제철 과일을 챙겨 먹고 학교 간 덕분에 아프지 않고 잘 견뎌 낸 것 같아요. 하지만 나랑 아빠를 그렇게 챙겨주는데 정작 엄마는 과일을 무척이나 싫어하시잖아요. 과일을 그냥 먹는 것이 아니라, 일일권장량을 채우듯 '생과일주스'로 대신하시는데, 엄마도 차차 습관을 바꿔보시는 것 어때

요? 과일을 갈아 먹다 보면 비타민도 파괴되고 당도도 올라간다고 들었어
요. 처음엔 익숙하진 않아도, 먹다 보면 좋아하게 되실 거에요.

▸ 안다즈(Andaz) 호텔 루프탑바 '미스터 토크(Stork)'

PART 3

세렌디피티[18]가 있는 삶

♥ 엄마 버킷리스트 3.
낯선 이들과의 만남과 소통: 소셜다이닝

예전에는 일본 영화를 좋아하지 않았는데, 점점 관심도 가고 공감하는 소재의 영화들이 많아 즐겨 본다. 왠지 10년 아니 20년 후 우리 사회의 모습을 반영하는 것은 아닌가 하는 씁쓸한 맘으로 보게 된다. 보면서도 마음 한구석의 아프고 저린 부분을 보듬어 주는 느낌도 받는다. 그 많은 일본 영화 중 마쓰오카 조지 감독의 영화 《심야식당》을 가장 선호한다. 영화 속의 이 식당은 화려한 도심 뒷골목에 자리 잡고 있는데 다른 식당들과 다르게 밤 12시부터 오전 7시까지 영업을 한다. 이곳에 오는 손님들은 각자 모르는 사람들이었지만, 자주 식당을 찾다 보니 서로의 사연을 듣게 된다. 그리고 결국에는 그 상처를 치유해 주는 사이로 발전하게 되는 얘기이다. 영화를 다 본 후 마음속에 남는 잔상들은 여전히 가슴으로 기억하게 된다. 꼭 혈연으로 맺어져야만 식구食口가 되는 것은 아니고, 같이 어울려 '음식을 통해 소통'을 하다 보면 가족 이상의 식구가 될 수 있다는 걸 다시금 알게 되었다.

소셜다이닝(Social Dining)이란?

한국에서도 몇 년 전부터 소셜다이닝이 유행이라고 한다. 낯선 이들과 모여 밥을 먹고 얘기를 나누다 보면 삶의 고단함과 외로움을 보듬어 줄 수 있다고 한다. 사실 친한 사람에게 진정으로 아픈 자신의 이야기를 하는 게 쉽지 않다 보니, 오히려 낯선 이들에게 얘기하고 위로받는 경우도 많은 거 같다. 음식이 뭔지, 많은 이들을 이렇게 가깝게도 만들어 주고 진지한 분위기로 이끈다는 것이 참으로 신기하다.

'소셜다이닝'은 2011년 미국 포틀랜드에서 시작되었다. '소셜다이닝'이란 낯선 사람들이지만 함께 요리하고 식사를 하며 유대감을 강화하는 것으로, '친척 또는 친족'이라는 의미의 킨포크Kinfolk와 함께 등장한 용어이다. 이제는 서점에 가면 〈킨포크〉 잡지를 쉽게 볼 수 있는데, 이는 농부, 디자이너, 사진작가, 화가 등 처음 만난 사람들끼리 모여 함께 요리를 하고, 식사를 즐긴 이야기를 잡지로 엮어 낸 것이다.

▸ 소셜다이닝 온라인 플랫폼 BonAppetour(Singapore)홈페이지

　　이렇게 시작된 소셜다이닝이 이제는 세계 여행을 하는 이들에게
도 유행이 되었다. 예를 들어, 현지 음식을 잘하는 가정집에 각국에
서 모인 낯선 여행객들이 현지 가정식을 먹으며 각자의 여행 이야
기를 나눌 수 있다. 실제로 현지인이 사는 모습도 접할 수 있고, 레
스토랑이 아닌 '현지 집밥'을 먹을 수 있다니 여행에서 얻을 수 있
는 일석이조가 아닌가 싶다. 낯선 이들과 모여 얘기 나누는 것이 젊
은 여행객들에게는 '게스트하우스'나 '유스호스텔' 등을 통해 쉽게
이루어지지만, 나의 경우는 그렇지 않다 보니 딸아이와 해외에서
'소셜다이닝'을 꼭 해보고 싶었다.
　　싱가포르에서도 몇 군데 해당 사이트를 찾아보니, '소셜다이닝'
을 제공하는 가정들이 많았다. 싱가포르는 다인종, 다국적을 가진
사람들이 모인 나라이다 보니 인도, 인도네시아, 중국, 프랑스, 스

페인 및 싱가포르의 전통 요리를 가정에서 즐길 수 있다. 더구나 싱가포르 주택의 가장 큰 특징 중 하나인 이들의 공공주택, HDB에 국민의 85%가 이곳에 거주하는데, 이곳에 방문해서 현지식을 먹으며 그들의 생활 방식과 문화를 직접 엿볼 수 있다. 가끔은 싱가포르 체류 외국인들이 사는 고급 주택인 콘도나 레지던스의 모습도 보고 그들 나라 음식을 먹으며 싱가포르에서의 경험도 들을 수 있다.

현지식 소셜다이닝 체험

'소셜다이닝' 웹사이트를 통해 예약을 하고 간 곳은 캐나다인과 결혼해서 캐나다, 일본 등 해외 체류 경험이 있던 법무사의 집이었다. 싱가포르인들은 집에서 밥을 잘 안 해서 원래 공공주택의 부엌은 아주 간편하게 되어 있고 에어컨도 없는 공간이라고 들었다. 그런데 이 집은 부엌을 크게 개조하고 시원하게 조리할 수 있도록 만들었다. 법에 관련된 일을 하면서 느낀 따분함을 '소셜다이닝'과 '현지 음식 쿠킹 클래스'를 통해 잠시나마 탈출하려던 그녀와의 시간은 유익했다. 싱가포르인들의 소울푸드인 '치킨 라이스'를 아주 간편하게 만들어 먹는 방법을 배웠다. 싱가포르의 대표적인 향신료인 판단 잎과 레몬그라스를 활용하여 닭 육수를 내고, 닭 껍질을 구워 가며 닭기름을 내서 수제 생강소스를 직접 만들어 보았다. 시중 마트에도 생강소스가 많지만 실제로 닭기름으로 하는 곳은 많지 않다며, 치킨 라이스의 중요한 곁들임 소스 중 하나는 집에서 만들어 보라고 그녀는 조언도 잊지 않았다. 그리고 밥솥에 쌀과 닭 육수를 붓고 저민 닭 다리를 얹어 밥을 하면 '치킨 라이스' 완성.

▸ 치킨 라이스

▸ 수제생강소스

이제 테이블 세팅을 하고 어울려 앉아 HDB에 관한 소개와 역사를 들었다. 그 법무사와 같이 사는 동생이 건축가라는 점이 더 신뢰를 주었다. 자매가 싱가포르에 방문한 외국인들에게 자신들의 전통음식을 손쉽게 만드는 법을 가르쳐 주고 같이 먹으며 HDB의 역사와 갖가지 궁금한 점을 알려 주었다. 5년마다 국가에서 건물 전체 도색이나 노후된 수도관 등을 교체, 관리해 주고 있어 30년이 넘은 건물치고도 꽤 쓸모 있어 보였다. 그 날도 얘기했지만 한국 같으면 30년 된 아파트는 모두 재건축을 하려고 하는데, 싱가포르는 정부가 유지·보수·관리를 체계적으로 잘하고 있어 오래된 HDB도 아무 불편 없이 생활할 수 있다고 한다. 정부에서 모든 국민에게 살 집을 99년간 임대 해준다고 한다. 이런 공공주택 정책 덕분에 뉴욕이나 도쿄에도 많은 노숙자가 싱가포르에는 없다며 그녀는 자랑삼아 얘기했다.

HDB의 건물 외관 및 옥상 공간

싱가포르식 소셜다이닝, 호커센터

그런데 이런 외국 관광객들이 찾는 소셜다이닝이 아닌 진정한 의미의 소셜다이닝은 이미 싱가포르에서는 오래전부터 자리 잡고 있었다. HDB 단지 안에 있는 전통 푸드코트인 호커센터 혹은 코피티암Kopitiam, 싱가포르식 커피숍이 싱가포르인들의 소셜다이닝 장場이다. 싱가포르인들은 적어도 하루에 한 번 이상은 이곳을 이용하며 이웃들과 밥 한 끼라도, 커피 한 잔이라도 나누며 유대 관계를 돈독히 하고 있다. 하루 세끼를 여기서 해결하는 가족들도 많으니, 혈연 관계의 가족은 아니지만 진정한 식구의 의미로 뭉친 사람들이 많을 것 같다. 실제로 HDB 내에 있는 호커센터에 가면 아침이든 오후에든 사람들이 삼삼오오 모여 얘기를 나누는 장면을 많이 보게 되는데, 이를 보고 '싱가포르인들은 정말 말이 많다'고 생각을 한 적이 있다. 나이 많으신 어른들은 한국의 탑골공원 같은 곳을 찾기보다는 아파트 단지 내에서 많은 이들과 교류가 가능하다. 이렇듯 HDB 단지 안에는 호커센터 외에도 다양한 커뮤니티 공간을 제공하여 함께 사는 이웃들이 쉽게 만나고 먹고 마시며 얘기를 나눌 수 있다고 한다. 호커센터에 가면 인도네시아, 말레이시아, 인도, 중국, 싱가포르 등의 각국의 음식뿐 아니라, 중국 음식도 지역별광동식, 호키엔식, 하이난식, 떼쥬식 음식과 음료들을 맛볼 수 있으니, 서로의 음식을 소개하며 융화되어 온 듯하다.

▸ 호커센터

과거 영국 식민지 시절에는 '인종을 나누어 통치한다Divide and Rule'는 원칙하에 인종별로 거주하는 곳이나 직업이 정해졌다고 한다. 그래서 지금도 싱가포르 많은 여행 책자에는 문화의 다양함을 보기 위해 지역별도 소개되는 곳도 많다. 인도의 문화를 보려면 리틀인디아Little India로, 중국인들의 삶의 모습을 보려면 차이나타운으로 가면 된다. 하지만 인종별 혹은 그들 출신 지역으로 정체성을 찾는 일은 싱가포르에서는 보기 드물다. 이제는 그들의 종교, 인종, 문화와 상관없이 다양한 곳에 살고 있고 서로 어울리며 '싱가포르'라는 국가를 통한 개인의 정체성을 찾고 있다. '금발의 서양인'이 싱가포르인이라고 소개할 때 조금 낯설었지만 지금은 싱가포르라는 하나의 국가 안에서 그들의 뿌리를 찾고 있는 걸 이해할 수 있다. 이렇게 변하게 된 이유 중 하나가 'HDB' 정책이라 생각한다. 특정 인종이 한 아파트에 집중적으로 거주하는 것을 방지하기 위해 인종별 쿼터를 두었다. 또한 그 거주 기간도 20년 이상 길어 이웃 주민들 간의 사회적 교류가 빈번해지면서 인종이나 종교를 떠나 국가에 대한 소속감을 더 키우게 된 것 같다. 이때 더 큰 영향을 준 것이 이들 방식의 호커센터에서의 소셜다이닝 때문일 것이다. HDB 건립 시 필수적으로 제공된 호커센터는 다인종, 다민족, 다국적 사람들이 한 곳에 모여 음식과 함께 상호 교류의 장으로 담화를 나누고 유대관계를 돈독히 하는 기회를 제공했다. 함께 그리고 자주 어울려 먹고 얘기를 나누다 보니 하나의 틀 안에서 서로의 공통점을 찾고 존중하는 문화가 지금의 싱가포르를 만든 거 같다. 물론 여기서 빠질 수 없는 것이 서로 대화가 가능할 수 있도록 해준 이들의 영어, '싱글리시'다.

▸ 싱가포르 재래시장, 웻마켓(wet market)

호커센터란?

싱가포르는 전 세계의 음식 문화가 모인 곳으로 가히 '세계 최고의 식도락 천국'이라고 할 수 있다. 이러한 별칭을 얻을 수 있는 것에는 호커센터의 역할도 크다. 호커센터는 싱가포르인들의 일상이다. 음식의 탁월한 맛 이외에도 다양한 인종과 문화의 용광로＝멜팅팟와 같은 호커센터를 빼놓고는 싱가포르를 이야기하기 힘들다. 음식에 대한 사랑과 이를 통한 '함께 하는 사람들'과의 상호 교류가 이루어지는 호커센터는 싱가포르 음식 문화유산의 아이콘이다.

1860년 전후로 물밀 듯 유입된 이민자들에게는 '먹는 일'이 가장 중요한 일 중 하나였을 것이다. 이민자 혹은 이주 노동자들은 대부분 남성이었고 그들의 먹고사는 일을 해결해 온 것이 '거리의 음식…' 노점상들이었다. 이들을 통해 많은 이들이 싱가포르에서 살아남을 수 있었다. 호커Hawker는 '노점상'이라는 뜻이며, 호커센터는 노점 식당들을 모아 놓은 곳이다. 1965년 독립 초기, 노점 식당에서 나온 음식물 쓰레기의 악취와 오물로 인한 위생 문제가 많았다. 그래서 합법적으로 마련한 대형 시설 안으로 옮겨 장사를 하게끔 하였고 이때 조성된 것이 호커센터이다. 호커센터에 따라 싸게는 한화로 2~3천 원에, 비싸게는 9천 원에서 만 원으로 한 끼를 해결할 수 있을 뿐 아니라, 세계 각국의 맛있는 음식과 음료를 접할 수 있는 큰 장점이 있다. 또한 수십 년 동안 작은 가게 한 칸을 지켜온 음식 장인匠人인 호커센터 1세대들의 저렴하면서도 맛있는 싱가포르 정통오젠틱의 맛도 볼 수 있다. 하지만 점차 1세대들의 은퇴에 따라 그들의 상점이 줄어들고 '푸드 리퍼블릭' 같은 현대식 푸드코트 프랜차이즈가 등장하면서 정통의 치킨 라이스나 락사, 포Pau: 찐빵 같은 딤섬 등 그들의 핫 아이템을 먹을 수 있는 시간이 얼마 남지 않았다는 것이 아쉬울 뿐이다.

[줌인(Zoom-In) 싱가포르 2] **대표 호커센터**

구분	대표 호커센터	주소
유명 관광지	라우팟사 (Lau Pat Sat)	18 Raffles Quay
	마칸수트라 글루턴스 베이 (Makansutra Glutons Bay)	8 Raffles Ave, #01-15 Espalanade Mall
	사테 바이더 베이 (Satay By the Bay)	18 Marina Gardens Drive, #01-19
	맥스웰 푸드센터 (Maxwell Food Center)	2 Maxwell Rd, *싱가포르에서 가장 유명한 치킨 라이스 집 있음
	뉴튼 호커센터 (Newton Food Centre)	500 Clemenceau Ave,
현지식 웻마켓(Wet Market, 재래시장)*이 함께 있는 곳	피플스 파크 푸드센터 (People's Park Food Centre)	32 New Market Rd
	차이나타운 마켓 (Chinatown Market)	335 Smith St
	티옹바루 마켓 (Tiong Bahru Market)	30 Seng Poh Rd
	테카 푸드센터 (Tekka food Centre)	Bukit Timah Rd
	아담 푸드센터 (Adam Food Centre)	2 Adam Rd
	Geylang Serai Market (겔랑 세라이 마켓)	1 Geylang Serai
	촘촘 푸드센터 (Chomp Chomp Food Centre)	20 Kensington Park Rd
	이스트 코스트 라군 푸드 빌리지 (East Coast Lagoon Food Village)	1220 ECP

소셜다이닝 및 현지식 쿠킹 클래스 관련 사이트

분류	상호명	웹사이트	비고
소셜 다이닝	잇위드 (Eatwith)	www.eatwith.com	
	보나페투어 (BonAppetour)	www.bonappetour.com	
	플레이트컬처 (Plateculture)	plateculture.com	
쿠킹 클래스	쿠커리매직 (Cookery Magic)	cookerymagic.com	론리플래닛에서 소개된 쿠킹 클래스로 인도, 말레이, 인도네시아, 중국 및 싱가포르의 전통 요리를 가정에서 소그룹으로 배울 수 있음
	푸드 플레이그라운드 (Food Playground)	www.foodplayground.com.sg	하이난식 치킨 라이스, 락사, 사테 등 싱가포르의 요리를 배우고 맛볼 수 있음

딸 버킷리스트 3.
싱가포르 나이트라이프

회사 생활을 20년 동안에도 12시 땡! 하면 침대에 들어가는 신데렐라 엄마….

나이트라이프^{Night Life}를 즐기는 나를 아직도 이해를 못 하신다. 친구들과 술 한잔하고 온다고 하면 항상 "12시 전에 들어와~"라고 하신다. 개인적으로 한국에서 클럽도 안 가고 술을 마신다고 해도 친한 친구들과 먹기 때문에 무슨 걱정을 그렇게 하는지 도무지 이해가 안 갔다.

한국에서 만 스무 살을 보내본 사람이라면, 1월 1일 이후에 당당하게 주민등록증을 내밀고 클럽에 들어가는 설렘이 무엇인지 알 것이다. 술을 마신다는 행위보다는 20년 동안 못해 왔던 '일탈'을 하는 것에 더 설렘을 느끼고 신이 났던 것 같다. 그런데 신기하게도 엄마는 이런 나이트라이프와 같은 '일탈'을 한 번도 즐겨본 적이 없으신 듯하다. 스트레스 해소, 내가 생활했던 것과 전혀 다른, 잔소리, 12시 통금, 찰나의 즐거움, 일탈에서 느끼는 짜릿함, 로망, 로맨틱 등은 나의 '나이트라이프'를 표현할 수 있는 단어들이다.

밤이 좋은 싱가포르

눈 부신 햇살이 부담스러워 낮의 활동을 위축시키는 싱가포르의 날씨는 가느다란 햇살만 비추어도 그날 기온과는 상관없이 노천카페에 앉아 에스프레소 한 잔이라도 마시려 했던 프랑스 파리와는 전혀 다른 생활 방식을 갖게 했다. 솔직히 검게 그을릴까 봐, 땀이라도 나서 끈적끈적한 느낌이 불편할까 봐 햇살이 강력히 내리쬐는 날에는 선뜻 야외 활동을 하고자 하는 의욕은 떨어지고 에어컨 바람이 시원한 실내로 자연스럽게 이동하게 된다. 반면 어둑해지기 시작하면 싱가포르의 많은 고층 빌딩들과 건축물들의 네온사인들과 조명들이 하나둘 켜지며 리버사이드나 마리나베이의 노천카페와 루프탑 바는 사람들로 가득 차게 된다. 또한 삼삼오오 모여 조깅을 하거나 빌딩 앞 넓은 로비와 잔디에서 스트레칭, 요가 등을 하는 사람들도 보인다. 하루의 고됨과 노곤함을 시원한 맥주 한잔으로, 혹은 운동으로 날려 버리려는 사람들이 많다. 이렇듯 싱가포르는 나이트라이프 천국이다. 안전하게 그리고 화끈하게 밤에 즐길 수 있는 소소한 것들이 많다. 예를 들자면, 5월에는 칵테일 페스티벌, 6월에는 싱가포르 아트박스_{고급 힙스터 야시장} 등 날이 어둑어둑해지기 시작하면, 노점들이 하나하나 불을 켜기 시작하고 사람들이 몰려드는 광경을 어렵지 않게 볼 수 있다.

‣ 마리나베이의 야경

그렇다고 우리나라와 같이 '죽도록 마시고 보자'는 한국의 술 문화와는 달리, 고된 하루 끝에 야외에서 선선한 바람을 맞아 가면서 시원한 맥주 또는 칵테일 한잔으로 소소한 일상을 나누고 즐기는 풍경이 싱가포르의 나이트라이프다. 솔직히 말하면 주세酒稅가 워낙 높아서 술값이 비싸기 때문에 맘껏 마시기 어렵기도 하다.

세계의 주류 문화 창고

싱가포르에는 바Bar 종류도 많고 여러 구역마다 있기 때문에, 밤마다 돌아가며 다른 분위기를 즐길 수 있다. 다양한 나라 사람들이 모인 만큼, 나라별로 분위기가 다른 바가 많다. 한국식 치킨집부터 시작하여, 페루식 혹은 멕시칸식 바, 스페인식 타파Tapa 바, 프랑스식 와인바 등 종류가 다양하다. 이렇게 나라별 특화된 바가 있는 만큼 바마다 마셔볼 수 있는 술 및 칵테일과 안주도 각양각색이다. 페루식 바에서는 '페루의 국민주'인 피스코Pisco: 포도주를 증류한 술로 맛과 향이 풍부와 세비체Ceviche, 티라디토Tiradito 등의 페루 요리를 라틴아메리카 음악과 함께 남미 정취에 푹 빠져 맛볼 수 있다. 나초 또는 브리또 등 멕시칸 안주와 바텐더의 쇼Show 와 함께 제공되는 테킬라 베이스의 칵테일 한잔으로 어깨춤을 추는 불금을 지낼 수 있다. 서양인들이 많이 찾는 와인바는 몇 가지 간단한 타바와 함께 와인 한 병 직접 골라 소소한 이야기를 나누면서 밤을 지새울 수 있다.

▸ 멕시칸 바 루차로코(Lucha Loco)

루프탑(Roof-top) 바

이러한 나라별 다른 바 이외에도, 싱가포르에 오면 꼭 한 번쯤 가 봐야 하는 곳은 루프탑 바일 것이다. 루프탑 바라 하면 많은 사람들 은 마리나베이 샌즈 호텔 위에 위치한 바를 떠올릴 것이다. 물론 싱 가포르의 랜드마크인 마리나베이 샌즈 호텔 루프탑 바에서 보는 야 경도 인상적이지만, 개인적으로 샌즈 호텔을 바라볼 수 있는 루프 탑 바를 가보라고 추천해 주고 싶다. 싱가포르 슬링Singapore Sling을 한 손에 들고 다른 한 손에는 핸드폰을 쥐고 마리나베이 샌즈 호텔과 싱가포르 플라이어가 나란히 있는 모습을 찍으면 저절로 얼굴에 미 소가 지어질 것이다.

▶ 내셔날 갤러리에 있는 스모크앤미러(Smoke & Mirrors)바(bar)에서 촬영한 마리나베이 샌즈 호텔

마지막으로 싱가포르 밤에는 테라스^{Terrace} 문화를 즐기는 것도 좋다. 싱가포르의 테라스라는 개념은, 카페 테라스처럼 높은 건물의 베란다 같은 개념이라기보다는 다이닝 스폿$^{Dining\ Spot}$이 몰려 있는 1층 야외 중앙 광장에 가게별로 테이블이 놓여 있는 곳이다. 낮에는 땡볕이라 사람들이 매우 드물게 보이지만, 저녁에는 의외로 바람이 불기 때문에 에어컨 바람이 없이도 시끌벅적한 분위기 속에서 술을 즐길 수 있다.

▸ 테라스형 레스토랑과 바가 가득한 쿠파즈 거리

클러버(Clubber)

이렇게 밤 10시 또는 11시까지 바에서 즐기다가 밤 12시가 넘어가는 시점에는 더 분주해지는 사람들이 있다. 그 사람들은 바로 클러버들인데, 특히 클락키^{Clark Quai}에서 이들을 많이 볼 수 있다. 그 이유는 싱가포르의 유명한 클럽들은 클라키 한가운데에 몰려 있기 때문이다. 대부분 수, 금, 토요일에 여는 경우가 많고, 수요일은 '레이디즈 나이트^{Ladies Night}'라고 해서 여성들은 무료로 입장 할 수 있다. 사실은 다른 날들도 무료로 들어갈 수 있는 것 같지만 공식적으로는 수요일로 홍보하고 있다. 대부분 클럽들은 10시 또는 11시부터 여는 곳들이 많지만, 이 시간대에 들어가면 민망할 정도로 사람이 없다. 거의 12시 정도 돼야 사람들이 슬슬 들어오기 시작하고, 새벽 1시 반 정도 돼야 신나는 음악과 함께 사람들이 정신없이 춤추는 광경을 목격할 수 있다. 핫해지는 시간은 새벽 1시 안팎이긴 하지만 개인적으로 11시 정도에 들어가는 것도 나쁘지 않다. 왜냐하면 이 시간대에 사람이 많은 것은 아니지만, 술 한잔하면서 외국인들과 대화할 수 있는 최적의 시간이기 때문이다. 둘이 온 사람들이 대부분이긴 하지만 혼자 온 사람들도 있기 때문에 자연스럽게 다가가서 말을 걸면 된다. 오히려 바 같은 곳에 가서는 단체로 오는 사람들이 많기 때문에 낯선 이들과 대화하기가 쉽진 않다. 하지만 클럽의 경우는 낯선 이방인들과 대화를 즐기러 오는 사람들도 많아 다가가기가 훨씬 쉽다. 또한 아티카^{Attica} 같은 경우에 2층은 클럽, 1

층 마당 쪽은 프라이빗 바^{Private Bar}가 있기 때문에, 술 한잔하면서 얘기도 자연스럽게 나누고 월드컵 시즌 때 축구 경기도 즐길 수 있는 재미가 있다.

▸ 클럽 아티카

We are Singapore!

싱가포르의 클럽의 장점을 꼽자면, 다양한 인종이 있기 때문에, 클럽에 오는 사람들의 국적도 정말 다양하다는 점이다. 중국인, 호주인, 미국인, 일본인 등 너무 다양해서 각양각색의 주제로 대화할 수 있다. 그런데 단일민족 출신인 대한민국 사람으로서 나를 놀라게 한 사실이 있다. 싱가포르의 다양한 인종들과 대화를 해보면, 하나같이 강조하는 점이 있다. 그 점은 바로, 자신들이 바로 싱가포르인이라는 점이었다. 어떻게 보면 당연한 대답일 수 있다. 하지만 나는 그들의 인종이 다르기 때문에, "나는 싱가포르인이며, 태생적 배경은 ○○이야"라는 대답을 기다렸던 것 같다. 사실 프랑스에서도 친구들이 자기들을 소개할 때마다 '영국 출신 프랑스인English French' 식으로 민족적 배경과 소속된 국가명을 소개했다. 그래서 금발의 백인이 단순하게 '싱가폴리언Singaporean'이라고만 답변하는 것이 낯설게 느껴졌다. 이런 대화들을 통해, 그들이 싱가폴리언이라는 점에 자부심을 갖고 있으며, 인종적 배경보다는 국가 정책성을 더 강조한다는

것을 알게 되었다. 이후 인종적 배경과 상관없이 국가적 정체성을 갖는 것이 싱가포르 정부의 끊임없는 교육과 홍보, 정책에 의한 것임을 인지하게 되었다.

▸ We are Singapore!

‣ 테라스형 바(Bar)가 많이 모여 있는 차임스(CHIJMES)

유형	상호명	주소	비고
루프탑 바	세라비 (Ce La Vi)	1 Bayfront Avenue, Marina Bay Sands Tower3	마리나베이 샌즈 호텔 스카이라운지
	원앨티튜드 (1-Altitude)	1 Raffles Place	세계에서 가장 높고 360도 파노라마 뷰로 도시 전경 감상 가능
	스모크앤미러 (Smoke&Mirrors)	1 St. Andrew's Rd, #06-01 National Gallery	내셔널 갤러리(National Gallery)에 위치, 마리나베이샌즈 호텔 감상
	랜턴(Lantern)	80 Collyer Quay	플루턴베이 호텔에 위치
	레벨 33 (Level 33)	8 Marina Boulevard, #33-01 Marina Bay Financial Centre Tower 1	마리나베이 파이낸스 센터 펜트하우스, 수제 맥주 인기
	옥스웰&코 (Oxwell&Co)	5 Ann Siang Road	차이나 타운 측 전망, 정원이 갖추어진 루프탑바
	미스터 스토크 (Mr. Stork)	5 Fraser Street, Andaz Hotel	안다즈(Andaz) 부티크 호텔에 위치, 360도 파노라마 뷰
	아틀라스(Atlas)	600 North Bridge Rd, Parkview Square	야외 테라스 전면이 통유리, 싱가포르 시청과 마리나베이 샌즈 전경을 한눈에 볼 수 있음
	타이거스밀크 (Tiger's Milk)	28 Ann Siang Rd	페루 국민주 피스코(Pisco), 세비체(Ceviche), 티라디토(Tiradito)

유형	상호명	주소	비고
클럽	주크(Zouk)	3C River Valley Rd, The Cannery	
	아티카(Attica)	177 River Valley Rd	
	세인트 제임스 파워 스테이션 (St.James Power Station)	3 Sentosa Gateway	
테라스형	차임스(CHIJMES)	30 Victoria St	일식, 중식, 이탈리안, 멕시칸, 웨스턴 등 세계 각국의 레스토랑이 입점
	쿠파지 테라스 (Cuppage Terrace)	Cuppage Terrace, Cuppage Rd	
	홀랜드 빌리지 (Holland Village)	Holland Ave	
	로버슨키 (Rebertson Quay)	Robertson Quay	
바(Bar)형	28 홍콩 스트리트 (28 Hong Kong Street)	28 Hongkong St	
	루차로코 (Lucha Loco)	15 Duxton Hill	멕시칸식

나이트라이프를 함께 해보니 어떠세요? 생각보다 재미있지 않나요? 특히 싱가포르는 낮보다 밤이 훨씬 로맨틱하면서 활기가 넘치는 것 같죠? 낮에는 강한 햇살에 집에서 나오는 것도 두려운데, 해만 떨어지면 맥주 한잔하러 자꾸 나가고 싶어지네요. 여기저기 뿜어져 나오는 네온사인 불빛과 음향들이 이러한 저의 욕구를 자극하는 듯하고요. 엄마랑 싱가포르의 나이트라이프를 즐기면서 쌓였던 이야기를 하고, 제가 가진 고민도 터놓을 수 있어 너무 좋아요. 더구나 엄마 인생 전체를 보아도 지금이 가장 여유 있어 보이고 '저를 위한 온전한 시간'을 내어 주는 것도 좋고요. 엄마도, 이제 인생에서 한 템포 느리게, 여유 있게 즐기면서 살았으면 좋겠어요. 제가 하는 '일탈 즉, 일상에서 느낄 수 없는 체험을 통한 영감' 행위들을 엄마도 많이 해보셨으면 해요.

'일탈'이라는 말이 어떻게 보면 부정적으로 보일 수 있지만, 익숙한 일상에서 벗어나 의도치 않은 행운 즉, 세렌디피티를 기대할 수 있는 방법 중에 하나라고 생각해요. 항상 똑같은 일상을 반복하다 보면 삶의 활력을 잃

기 마련이고, 이렇게 살다 보면 그 틀에서 벗어나지 못하고 앞만 보고 달릴 가능성이 높으니까요. 그러면서 한 가지 프레임에 갇히게 되는 오류를 범할 수도 있지요.

그래서 한 번씩 바람을 쐰다는 생각으로 저녁에 나와서 술 한잔을 하든, 스트레스를 풀러 클럽을 가는 것도 나쁘지 않은 것 같아요. 평상시에 접하지 못하는 사람들을 만나고, 다양한 사람을 만나면서 여러 가지 주제로 이야기를 하다 보면 일상에서 느끼지 못한 부분을 느낄 수 있으니까요. 그리고 그러한 대화 속에서 자신의 생각을 정리할 수 있는 기회도 갖게 돼요. '나만의 통행금지 시간'을 만들고 지켜 나갈 테니, 때때로 저에게 주어지는 일탈의 시간을 너무 걱정하지 마시고 믿어 주셨으면 좋겠어요.

직장 생활, 공부, 재취업 준비 등 바쁘게 사느라 오롯이 너를 위해 내 시간을 바치지 못했던 것에 평생 맘이 아플 거 같구나. 그러나 이렇게 잘 커줘서 고맙고, 나를 이해해 주고 이제는 친구같이 너의 삶 속에 나를 이끌어주니 너무 행복하다. 더구나 싱가포르의 나이트라이프는 서로를 더 가깝게 해주는 역할을 하는구나. 밤늦은 활동은 언제나 위험이 따를 수 있다며 너를 걱정하는 나를 무색하게 할 정도로 싱가포르의 밤은 안전하구나.

나이트라이프를 통해 네가 경험했던 '일탈'들이 너에게는 새로운 에너지의 원천이 됨을 알게 되었단다. 실제로 같이 해보니 '이런 세상도 있구나, 내 어릴 적과는 다르게 많이 변했구나' 하는 생각도 들었다. 세렌디피티 즉, 예기치 않은 행운을 찾아 '일탈'이라는 경험을 추구하는 네 세대가 부럽다.

엄마한테는 '일탈'이라는 것이 '낯선 환경에서 낯선 이들과 즐기는 행위'라고 생각이 되는구나. 그리고 국적 불문, 나이 불문, 성별 불문하고 낯선 사람들과 깊이 소통 가능한 수단이 '음식' 즉, '나누어 먹는 행위'라고 생각해. 소셜다이닝처럼. 이런 자리들이 다양한 사람들과 여러 형태로 이루어지다 보면 '세렌디피티'를 꿈꾸기도 좋겠지. 네가 쉽게 접하지 못하는 분야에

종사하는 사람들, 혹은 다양한 국적의 사람들, 그런 장소…. 이런 곳이 일상 탈출, 곧 '일탈'이 될 수 있으리라 생각해. 그런데 이런 자리들을 네가 주도적으로 만들고 즐기려면 너만의 '요리 레시피'가 있어야 한단다. 건강한 너의 삶을 위해서도 필요할 뿐 아니라, 만들어 나누어 먹는 '너만의 요리'가 있다는 건 큰 힘이 될 거야. 미국 유학 시절 영어가 잘 안되어 힘들었지만, 외국인 친구들을 불러 떡볶이, 잡채, 불고기 등을 해주면서 쉽게 친해지고 편안하게 생활할 수 있었단다. 같이 밥 먹으면 어색하고 낯선 환경을 쉽게 극복할 수도 있으니, 너의 일탈을 위해 이러한 부분도 고려해 주면 좋겠구나.

▸ 플러턴베이 호텔 클리포드피어(The Clifford Pier)

PART 4

일점호화의 삶

♥
엄마 버킷리스트 4.
나만의 작은 사치, 애프터눈 티 즐기기

2006년 진짜 배낭을 메고 9박 10일의 유럽 여행을 떠났었다. 초등학교 4학년생이던 딸아이도 배낭 하나를 맡아 같이 떠났던 그 여행은 나에게 '여행'이 무엇인지, 어떤 의미와 가치가 있는지를 가르쳐 주었다. 일상을 벗어나 서로의 '있는 그대로의 모습'에 충실할 수 있었던 경험은 여행이 얼마나 큰 힘이 있는지 깨닫게 했다. 유럽 배낭여행이다 보니 호텔보다는 민박과 야간열차 위주로 숙박하며 소박하게 다녔다. 그런데 그런 검약한 여행을 하는 와중에 영국 '포트넘앤메이슨FORTNUM&MASON'에서 무려 1인당 39파운드당시 환율은 1,700~1,800원나 하는 '애프터눈 티'를 즐겼다. 고된, 그리고 검약儉約한 여행 중 '작은 사치'를 부렸는데, 그래서인지 '애프터눈 티'에 대한 추억은 언제나 행복한 미소를 띠게 하는 인생의 멋진 샷Shot이 되었다. 또한 나의 딸과 여행을 할 때면 언제나 같이 즐기고 싶은 '버킷 리스트' 중 하나이다.

‣ 마리나베이 더 숍스 TWG

애프터눈 티(Afternoon Tea)? 하이티(High-tea)?

애프터눈 티는 1840년대 영국 베드포드^{Bedfords} 가家 7대 공작 부인 안나 마리아^{Anna Maria} 가 시작했다고 한다. 오후 3시에서 5시 사이 허전한 배를 채우기 위해 차와 간단한 티 푸드를 먹는 영국 상류층들의 다과 문화였는데, 차츰 중산층과 서민층까지 확대되면서 '하이티'의 개념으로 변하였다고 한다. 저녁 8시나 되어야 식사를 할 수 있었던 서민 노동자 계층은 퇴근 전이라도 이른 저녁처럼 요기를 할 수 있는 것이 좋아 하이티 문화가 자리 잡게 되었다. 당시에는 차를 마신다는 것은 매우 사치스러운 일이라 다른 종류의 먹을거리를 곁들이게 되었고, 소파나 이지체어와 같은 낮은 의자에서 즐기던 애프터눈 티와는 다르게 높은 식탁 의자^{High Chair}에 앉아 먹게 되어 '하이티'라는 이름을 갖게 되었다.

언제부터인가 한국에서도 '나를 위한 작은 사치' 트렌드가 불면서 많은 호텔과 티룸 브랜드 등에서 '애프터눈 티' 이벤트를 하고 있다. 그런데 여기 싱가포르에서의 '애프터눈 티'는 이벤트가 아닌 이들의 미식 문화 중 하나다. 말레이 반도 끝의 열대 섬나라인 싱가포르는 1819년 영국 동인도 회사 직원이던 토머스 스탬퍼드 래플스가 무역 전초기지로 개발하면서부터 영국 문화의 영향을 받기 시작했다. 그 이후 1963년까지 영국의 통치하에서 생겨난 많은 식문화가 있는데, 이 중 하나가 애프터눈 티 문화다. 물론 현재에는 호텔 애프터눈 티를 즐기는 사람 중에는 여행객 외에 엑스팟 서양인

들이 많다. 글로벌 기업, 특히 금융이나 IT 기업에서 근무하는 고연봉의 미국 혹은 유럽인들은 싱가포르 현지인보다 소득수준이 매우 높은 편이다. 그들은 세계적으로 홍콩, 스위스, 싱가포르, UAE 등을 근무지로 선호하는데, 그중 싱가포르는 살고 싶은 나라 선호도 1~2위를 다툰다. 그래서 싱가포르에는 엑스팟들의 생활 문화도 주목할 필요가 있다. 엑스팟들에게는 모국에서와 같이 함께 지낼 가족 혹은 오랜된 친구들이 없기 때문에 애프터눈 티나 브런치^{Brunch} 이벤트 등을 통해 네트워크 형성을 한다. 애프터눈 티가 생성된 기원과 같이, '사교를 위한 장'의 의미를 그대로 가진다. 그래서 싱가포르에서의 애프터눈 티는 한국에서 제공되는 것보다 오젠틱하다.

싱가포르식 애프터눈 티

반면 호텔에서 제공되는 애프터눈 티가 아니더라도 싱가포르인들은 오후 3~5시경이면 그들 전통 커피숍인 코피티암, 혹은 카페 등에서라도 간단한 빵 혹은 케이크와 커피, 차를 즐기는 문화가 있다. 오후에 달콤한 무언가를 찾아 즐기는 싱가포르인들의 모습은 애프터눈 티 문화와 맥락을 같이 한다.

프랑스에서도 주요 식습관 중 하나가 오후 4시경이 되면 '구떼^{Le Goûter: a late afternoon snack}'라는 간식을 챙겨 먹는 것이다. 이는 점심과 저녁 사이의 공복감을 해소할 뿐 아니라 상대적으로 저녁 식사 때 폭식을 줄여 주어 프랑스인들의 날씬한 체형을 유지하는 비결 중 하나였다. 프랑스인들은 오후 4시가 되면 남녀노소 할 것 없이 달콤 혹은 짭짤한 간식을 챙겨 먹고 그 외 시간에는 전혀 군것질을 하지 않는다. 그런데 영국의 애프터눈 티 문화도 이와 유사한 배경에서 탄생하지 않았을까 하는 생각한다. 프랑스 생활의 습관 때문인지, 오후 4시만 되면 출출한 배를 채우고자 하는 우리 모녀에게는 싱가

▸ 하이티를 홍보하는 카페들의 광고

포르의 애프터눈 티 문화가 너무 좋다.

싱가포르에서는 '애프터눈 티'와 '하이티'의 개념이 혼용되어 사용된다. 하지만 일반적으로는 '하이티'라는 용어를 많이 사용하며, 제공되는 음식들도 하이티 방식이 많다. 애프터눈 티 스타일의 3단 트레이 다과 외에도 뷔페식으로 딤섬 등 다양한 음식을 제공하는 곳이 많다. 호텔에 따라 현지식인 페라나칸식 혹은 일본 스시 등이 강조되는 곳도 있다. 예를 들어, 100년이 넘은 '하이티'의 전통이 있는 래플스 호텔 티핀룸^{Tiffin Room}에서는 다과와 함께 전통 커리 뷔페도 즐길 수 있다. 샹그리라^{Shangri-la} 호텔 애프터눈 티 전문 레스토랑인

로즈베란다^{Rose Veranda} 에서는 전통 국수인 '락사'나 스시, 로스트비프 등을 함께 제공한다. 마리나베이 팬퍼시픽^{Pan Pacific} 호텔 아트리움 ^{Atrium} 에서는 페라나칸식 애프터눈 티를 즐길 수 있다.

▼ 세인트레지스 호텔 레스토랑이 하이티

애프터눈 티 문화는 눈과 입을 만족시켜 주며 오후의 나른함을, '나를 위한 여유 있는 시간'으로 즐기려는 이들에게는 최적이다. 3단 트레이의 스타일들도 제공되는 곳에 따라 다양하고 그 안에 담긴 각양각색의 '달콤 짭짤'한 트리트^{Treats}들은 먹기에는 너무도 아깝게 장식되어 있다. 트레이 맨 아래에는 짭조름한 샌드위치를, 그 위엔 영국 대표 브레드인 스콘, 맨 위 칸에는 케이크나 초콜릿 등의 디저트류가 있다. 짭짤한 샌드위치로 시작해서 간단히 배를 채운 후, 클로티드 크림$^{Clotted\ Cream}$을 듬뿍 발라 스콘 반쪽 한입에 넣고 진한 초콜릿으로 마무리하며 TWG 차*로 입가심을 할 수 있다. 뷔페식으로 다른 음식이 제공되지 않고 3단 트레이와 향기 가득한 차만을 즐기는 전통식 애프터눈 티도 좋다.

애프터눈 티 서비스가 있는 거의 모든 호텔에서 제공되는 차*는 주로 TWG 브랜드이다. TWG는 싱가포르를 대표하는 '차*' 브랜드로 최근 몇 년 사이 급부상한 거 같다. TWG에서 제공되는 차를 그대로 제공하는 곳도 있지만, 세인트레지스$^{St.\ Regis}$ 호텔의 경우에는 TWG에서 제공되는 차를 브랜딩하여 그들만의 시그니처 차를 만들어 새로운 맛의 차도 제공한다.

‣ 애프터눈 티 3단 트레이

싱가포르의 대표 차(茶) 브랜드 TWG

싱가포르의 세계적인 명차 TWG는 'The Wellness Group'의 약자이다. 2009년 설립된 역사가 짧은 브랜드이지만, TWG는 싱가포르를 시작으로 도쿄, 런던, 두바이와 쿠알라룸 푸르, 상하이, 방콕, 한국 등 15개국에 티살롱Tea Salon을 오픈하면서 많은 이들의 사랑을 받고 있다. 언뜻 보면 상품에 적혀 있는 '1837'이라는 숫자로 인해, 브랜드 역사가 1837년에 시작된 것으로 착각할 수 있다. 그런데 '1837'은 각종 차와 향신료 등의 무역 중심지로 싱가포르가 선정된 해이며, 이를 기념하며 브랜드 마케팅에도 활용하고 있다.

티살롱 및 부티크 등을 19세기 유럽 귀족의 저택을 연상시키는 화려하고 웅장한 모습으로 디자인하여 유럽에서 시작된 차 문화의 격을 한층 높여 놓았다. 동양에서 시작된 차 문화가 서유럽을 거쳐 다시 동양에서 꽃을 피우는 것 같다. 이제는 영국의 '포트넘앤메이슨FORTNUM&MASON', 프랑스의 '마리아쥬 프레르Mariage Freres'의 명성을 뛰어넘기 위해 다양한 티 컬렉션Tea collection은 물론 향초 등의 액세서리, 마카롱과 같은 가스트로노미, 패스트리 등으로 공격적인 브랜드 확장을 하고 있다.

▸ TWG

애프터눈 티 추천 장소

상호명	특징 및 대표 요리	주소
클립포드 피어 (The Clifford Pier)	현지의 맛과 향: 홈메이드 카야잼과 스콘, 와규 비프랜당 크로킷, 칠리크랩 바오	80 Collyer Quay, Fluerton Bay Hotel
더랜딩포인트 (The Landing Point)	잉글리시 스콘, 프렌치 에끌레어와 까늘레, 화이트 트러플 에그 마요 샌드위치, 스모크 덕 랩	80 Collyer Quay, Fluerton Bay Hotel
레샤부아 (Brasserie Les Saveur)	스시롤, 크레페, 즉석 와플, 과일, 케이크, 아이스크림, 초콜릿 퐁듀	29 Tanglin Rd, Lobby Level, The St. Regis
로즈베란다 (Rose Veranda)	푸아그라 프로피테롤 (Profiterole), 락사	22 Orange Grove Rd, Shangri-la Hotel
아시스 바&라운지 (AXIS BAR&Lounge)	페라나칸 요리	5 Raffles Ave, Mandarin Oriental
티핀룸 (Tiffin Room)	전통 커리 뷔페, 딤섬 외 치킨 커리 파이, 다양한 맛의 스콘들 인기	1 Beach Rd Raffles Hotel
TWG Tea	'1837' 세트와 같은 가장 심플하고 합리적인 가격의 세트 제공	ION Orchard, 2 Orchard Turn, #02-21
르윈테라스 (Lewin Terrace)	프랑스_일본식 애프터눈티 *테마별로 간헐적으로 제공되므로 방문 전 사전확인 필요	21 Lewin Terrace

딸 버킷리스트 4.
글로벌 럭셔리 브랜드 즐기기
– 루이비통 아일랜드 메종 중심으로 –

하루가 다르게 럭셔리^{Luxury}라는 개념은 바뀌어 가고 있다. 아직도 '럭셔리'라는 단어를 들으면 가장 먼저 떠오르는 이미지는 에르메스^{Hermes}, 샤넬^{CHANEL}, 루이비통^{Louis Vuiton} 등 명품 브랜드들의 메인 아이템인 핸드백이다. 하지만 점점 '경험'이 중시되어 가면서, '럭셔리'라는 개념이 확장되고 있다. 이제는 럭셔리 브랜드의 제품을 지칭하기보다는 짧지만 '호화스러운 여행', 비싸지만 최고의 서비스를 받으며 눈과 입이 호강할 수 있는 '한 끼 식사', 오감으로 체험할 수 있는 '무형의 서비스' 등 다양한 의미로 해석이 가능하다. 이러한 럭셔리 개념의 변화는 밀레니얼 세대들이 주도하고 있다. 기성세대는 위에서 언급했던 제품들을 '소유'하는 개념이었다. 하지만 밀레니얼 세대들은 '경험', '소비 인증 행위' 등을 더 소중히 한다. 그래서 점점 더 많은 젊은이들은 '료칸' 같은 호화스럽지만 힐링을 할 수 있는 여행, 비행기 표는 싸게 구해도 자신이 투자하고 싶은 한 가지에는 마음껏 투자하는 '일점호화적 소비'를 한다.

럭셔리의 변화

이러한 서비스에 점점 익숙해지고, 다양한 취향의 고객들이 많아지면서 기존의 럭셔리 브랜드들도 트렌드에 맞게 발전해 가고 있는 것이 눈에 보인다. 이제 럭셔리 브랜드들은 매장에서 핸드백만 파는 곳이 아니다. 고객들이 직접 매장을 방문하는 그 행위 자체부터가 즐거움이 되어야 하는 시기다. 매장을 둘러보면서 옷을 입어 보고, 액세서리를 착용해 보고, 마음에 들면 사진을 직접 찍어서 인스타그램에 올리면서 고객들이 즐거워해야 구매 확률이 높아지는 것이다. 또한 이제는 럭셔리 브랜드들도 '명품백'이라는 제품 하나로 승부를 볼 수가 없다. 그래서 점점 소비자들의 라이프스타일에 자연스럽게 스며들기 위해, 화장품, 액세서리, 패션 등에 더 중점을 두고 있다. 그래서 더 크고 넓은 매장이 필요하다. 백화점 1층 내 일부 코너만으로는 '럭셔리 브랜드'의 가치를 보여 주기가 어렵다.

럭셔리 인(In) 싱가포르

싱가포르는 전 세계적으로 소득세가 낮고 상속세가 없어 세계 부호들이 선호하는 나라이다. 반면 소비세에 상대적으로 많은 세금을 부과하기 때문에 부호들의 소비는 국가 재정에는 궁극적인 도움이 된다. 세계 유수의 기업들과 부호들은 유치하되 그들의 소비들을 진작시켜 낙수洛水 효과를 누리려 한다. 그렇기 때문에, 자연스럽게 럭셔리 부티크 매장, 고급 레스토랑, 럭셔리 스포츠카, 요트, 호텔 서비스 등이 세계 최고를 내세우고 있다. 그래서 싱가포르에는 동남아시아의 거상들인 중국 화교, 나아가서는 세계부호들의 라이프스타일을 모두 커버할 수 있는 다양한 아이템을 구비하는 초대형 럭셔리 브랜드 매장들이 많다. 샤넬, 루이비통은 물론이고, 각종 브랜드의 플래그십 스토어Flagship Store들을 찾아볼 수 있다. 싱가포르 중심지인 마리나베이에 위치한 마리나베이 더 숍스가 대표적인 예이다. 마리나베이 더 숍스는 그 유명한 마리나베이 샌즈 호텔과 합작으로 만들어진 쇼핑센터인 만큼, 아시아에서 가장 큰 럭셔리 브랜드 매장들로 가득 차있으며, 미슐랭 스타를 받은 요리사들의 레스토랑들을 모아 놓은 집합체라고 생각을 하면 된다.

루이비통 아일랜드 메종(Maison)

마리나베이 더 숍스 안에서도 가장 대표적인 매장을 꼽자면, 루이비통 매장을 지목할 수 있다. 이 매장은 파리에 있는 샹젤리제 거리의 플래그십 매장보다 더 크다. 이러한 형태의 매장을 '루이비통 아일랜드 메종Louis Vuitton Island Maison'이라고 부른다. '메종'은 프랑스어로 '저택邸宅'이라는 뜻을 갖고 있는데, 이런 '메종' 형태의 매장은 아시아 전체에서 유일하게 싱가포르에 하나 있다. 이 매장은 더 숍

▸ 루이비통 아일랜드 메종 외관

▸ 루이비통 메종 매장 안

스와 연결이 되어 있긴 하지만 단독으로 진짜 섬처럼 마리나베이 위에 떠 있는 듯 만들어져 있다. 디자인 자체도 파리에 있는 루이비통 파운데이션Louis Vuitton Foundation 박물관의 축소판 같다. 이 루이비통 매장은 더 숍스 지하를 통해 들어갈 수도 있고, 야외의 풍경을 보면서 밖에서 바로 매장으로 입장할 수도 있다. 개인적으로 마리나베이 더 숍스 지하를 통해 입장하는 것을 추천한다. 그 이유는 시즌마다 바뀌는 컬렉션의 특징을 디스플레이 쇼윈도우를 통해 한눈에 요약이 가능하기 때문이다. 지하 1층에서 에스컬레이터를 타고 매장으로 올라가면서, 유리창을 통해 들어오는 빛을 느끼며 루이비통 아일랜드 메종의 첫인상을 맞이하였으면 좋겠다.

건물 자체가 유리로 만들어져 있어 블라인드들이 걷혀 있는 상태라면 매장이 더 빛나 보일 수 있다. 만약 블라인드를 내린 상태라면, 요트 안에 있는 느낌이 들 수 있다. 바닥은 반짝거리는 나무로 만들어져 있으며, 밖에 물결들이 치는 광경을 보면 마치 미니 크루즈 배 안에 있는 듯하다.

또한 이 매장은 옷, 핸드백, 향수 등 제품을 판매하는 곳으로 끝나지 않는다. 제품을 파는 동시에 브랜드의 역사와 문화를 함께 공유하는 공간이 있다. 나선형으로 되어 있는 계단을 올라가 보면, 루이비통의 역사와 그 흔적들을 전시한 장소가 있다. 20세기 때부터 만들어진 여행용 가방들, 미니 슈트케이스, 향수케이스 등 다양하게 과거의 것을 현재의 의미로 재해석해서 만들어 놓았다. 또한 한

쪽으로는 책들을 전시해 놓았다. 이 책들은 루이비통에서 직접 출간한 여행책《Volez, Voguez, Voyagez 날고, 젓고, 여행하라》등 루이비통의 역사를 담은 책, 파리에 있는 루이비통 파운데이션에 있는 미술 작품에 관한 책 등이다. 전시와 동시에 판매도 하고 있다. 여행용 가방으로 시작했던 브랜드인 만큼 여행 관련 콘텐츠에도 많이 노력을 기울이는 중이다. 이러한 다양한 공간들이 마치 파리 '장식 미술관'에서 열리는 '루이비통 특별 전시회'에 온 느낌이다. 반면 최종적으로 제품을 구매하게 된다면, 프라이빗 VIP 라운지에서 음료와 간단한 간식거리를 먹으면서 상담 및 다양한 서비스를 받을 수 있다. 최근에는 많은 고객들을 접객하는 대신 소수의 고객들이 VIP 라운지

‣ 루이비통 책전시장

에서 최대한 오래 머무르며 다량 구매를 하도록 유도하고 있어 이러한 특별 공간들도 많아지고 있다.

샤넬 마리나베이 더 숍스

마리나베이 더 숍스를 갔을 때, 모두의 시선을 끄는 명품 매장이 루이비통만 있는 것이 아니다. 샤넬도 세계에서 가장 큰 플래그십 매장을 '더 숍스The shoppes' 안에 지어 놓았다. 파리 같은 경우는 샹젤리제 옆 골목에 편집숍으로 만들어 놓은 반면 더 숍스 안에는 무려 3층으로 되어 있는 것을 볼 수 있다. 매장을 들어가면, 샤넬의 모든 컬렉션을 한눈에 볼 수 있는 느낌이 든다. 매장을 나눠 놓은 것은 아니지만, 품목별로 섹션을 나눠 놓은 것을 볼 수 있다. 남성과 여성 RTWReady to Wear, 시계, 반지 같은 액세서리 코너 그리고 신발 섹션으로 나뉘어 있다. 신기한 점은 가방 코너는 따로 없으며 각 RTW 섹션에 옷과 어울리는 가방을 배치해 놓았다는 것이다.

럭셔리 브랜드들은 이제는 제품만 팔지 않고 고객들이 매장에서 더 오래 즐기고 경험하도록 서비스한다. 또한 고객들이 그들 브랜드 스토리와 교류하고 집중하게 하면서 그들의 문화에 빠질 수 있도록 브랜드 전략을 펼치고 있다. 유럽, 미국에 이어 마지막으로 큰 시장인 아시아 지역을 공략하고자 마련된 싱가포르 내 글로벌 럭셔리 브랜드 매장의 체험은 여행 중 좋은 경험이 될 것이다.

샤넬 매장

싱가포르는 모든 면에서 동남아시아 허브가 되고자 한다. 금융, IT, 물류, 무역, 예술을 넘어 이제는 자산 관리, 바이오테크, 국제중재international arbitration 등에서조차 허브 역할을 하고자 한다. 그러한 노력 결과, 다국적 기업들이 지역 본부를 두고 싶어 하는 나라 1위가 싱가포르이다. 싱가포르에 진출한 다국적 기업은 700여 개가 넘는다. 공용어가 영어라 비즈니스 하기 좋고 안전하고 동남아시아 여러 휴양지로 여행하며 즐기기에 안성맞춤이기 때문이다. 특히 글로벌 기업의 해외 현지 법인에 파견되어 근무하는 직원, 즉 엑스팟들이 즐길 각종 시설과 인프라, 카페, 비스트로, 레스토랑 등도 많아 지난 3년 연속 스위스에 이어 엑스팟들이 가장 선호하는 나라가 되었다.[19]

2018년 6월 통계로 보면 564만 명 싱가포르 인구 중 29%를 차지하는 장단기 체류 외국인들은 164만 명이다. 하지만, 이 중 38만 명,[20] 전체 인구의 7%에 해당하는 엑스팟들은 연봉이 평균 2억 이상[21]으로 현지인 평균 연봉의 4배 이상을 받는 사람들이다. 현지인보다 소득 수준이 높은, 미국 유럽 등에서 유입된 엑스팟들의 생활 모습은 싱가포르의 한 축을 이룬다. 중국 및 동남아시아 부호들과 더불어 싱가포르의 럭셔리 산업과 문화를 이끄는 부류이다. 글로벌 럭셔리 브랜드 제품은 물론 미슐랭 스타 파인 다이닝 레스토랑, 프라이빗 클럽, 럭셔리 요트와 차 등 싱가포르 내 세계 정상급 제품과 서비스를 리드하는 데 한 몫을 한다.

엑스팟들은 모국의 친인척들은 물론 친한 친구들과도 떨어져 살기 때문에 이곳 싱가포르에서 새로운 인적 네트워크를 형성해야 한다. 그래서 엑스팟들을 위한 커뮤니티나 이벤트를 즐길 곳들이 다양하다. 운동이나 사교를 할 수 있는 클럽도 많고, 온종일 샴페인

19 THE STRAITS TIMES(2017.09.27), https://www.straitstimes.com/business/economy/singapore-is-worlds-best-expat-destination-for-third-straight-year-survey

20 Ministry of Manpower(2018.05.03), https://www.mom.gov.sg/documents-and-publications/foreign-workforce-numbers

21 ExpatFocus, http://www.expatfocus.com/expatriate-singapore-salaries

과 칵테일을 마시며 얘기 나눌 수 있는 리큐어 뷔페, 애프터눈 티 등의 장소와 이벤트가 끊임없이 제공된다. 또한 엑스팟들을 위한 수입농산품들 또한 고급스럽고 다양하다. 그래서 싱가포르에서는 멜론 한 통을 사더라도 3달러의 중국산부터 엑스팟들을 위한 200달러 일본산 등 선택의 범위가 넓다.

▼ 슈퍼카들

일본에서 유행하던 '일점호화'식 소비 행태가 이제 한국에서도 새로운 트렌드(?)가 되었다는구나. 전반적인 지출을 줄여 특정 부문에만 소비를 집중하는 현상을 말하는 이 단어는 미국에서는 '로케팅Rocketing'이라고도 불렸다고 하네. 팍팍한 일상에 대한 보상 심리와 SNS에서 자랑하고 공유하고자 하는 욕구가 20~30대에게 이러한 소비 행태를 갖게 하는구나. 그래서 그런지 요즘 럭셔리 브랜드들의 많은 아이템들이 엄마와 딸이 같이 즐길 수 있는 디자인들이더라. 보다 젊어지고 강렬하고 다양해져서 단순히 비싼 고가를 소비한다기보다는 소유하고 그것을 남과 공유하는 경험 가치가 있는 제품들이 되었구나. 그래서 소비절벽의 현상이 있음에도 불구하고 전에 비해 럭셔리 상품들이 잘 팔리는 현상은 '일점호화' 소비 때문이었나 보다.

가끔 그러한 소비 트렌드가 걱정이 되기는 하지만 어찌 보면 '일점호화'도 '절제'와 병행되는 거라고 생각해. 일정 부분에서는 극도로 '절제'한 후, 자신에게 보상 차원에서 소비를 하는 것이니까. 하지만 일점호화 소비를 하는 경우에도 '절제'를 통한 미래에 대한 준비가 필요하단다. 항상 얘기하듯 '종

잣돈Seed Money'은 별거 아닌 거 같지만, 일단 모이기만 하면 새로운 기회를 잡는 '행운'을 얻게 되거든. 또한 '기회는 앞머리만 있고 뒷머리는 없다'고 하잖니. 곧 기회는 앞에서 잡아야지, 지나가면 잡을 머리가 없어 놓치기 쉽다는 거야. 그러니 항상 '준비됨의 자세'가 필요할 거 같구나.

행복의 종합선물세트라는 '여행'도. 여행 중 럭셔리한 애프터눈 티의 여유를 즐기기 위해서는 한 편으로는 열심히 몰두하며 살아가는 긴 시간이 기본이 되어야겠지. '절제'된 생활 속 '일점호화'식 삶이 '너를 위한 작은 사치'가 될 수 있도록.

엄마~

'절제'는 인생을 살면서 당연히 해야 하는 부분이라고 생각해요. 절제를 하기 때문에, 가끔 우리 자신에게 보상을 줄 때 행복을 느낄 수 있다고 생각을 하거든요. 엄마가 말씀하셨듯이 식생활도 그렇고 친구들과 함께하는 시간도 그렇고, 쇼핑도 평소에 '절제'를 하면서 살았기 때문에 그 시간들이 더 행복하다는 걸 느낄 수 있어요. '일점호화 소비'를 하는 순간이 그런 거 같아요. 목표를 위해 아끼고 모아서 그것을 쟁취하는 느낌이거든요.

평상시에 옷은 인터넷 쇼핑으로 저렴하게 구입하지만 가끔 특별한 날을 기념하기 위해서 아낌없이 투자하게 되거든요. 그리고 밥 같은 경우도 평상시에는 한 끼 대충 때우지만, 가끔은 달콤한 디저트 또는 좋은 레스토랑 가서 입과 눈 호강을 하고 싶답니다. 단순히 소비나 소유가 아닌 그런 경험을 통해 학업이니 취업이니 하는 고단한 삶 속에서 살아가는 활력소를 얻고 싶은 거예요. 이 점은 이해해 주셨으면 해요.

그리고 '기회는 대머리'라는 즉, 항상 준비하라는 말씀 기억할게요. 준비

가 되어 있어야 기회가 왔을 때 잡을 수 있을 테니까요. '종잣돈'의 이야기
도, 학업이나 취업, 그리고 생활하는 모든 일상이 부지런히 준비하는 삶이
라 생각해요. 준비한다는 것은 반대로 무언가를 '절제'한다는 얘기도 되겠지
요~ 하지만 항상 준비만 한다는 것, 절제를 한다는 것은 삶이 팍팍할 거 같
아요. 나를 위한 작은 사치는 우리 세대에는 정말 필요하니 이점은 엄마도
공감해 주세요.

▸ 내셔날갤러리 전시 작품, Chuan Thean Teng의 ' Batik Workers' (1960)

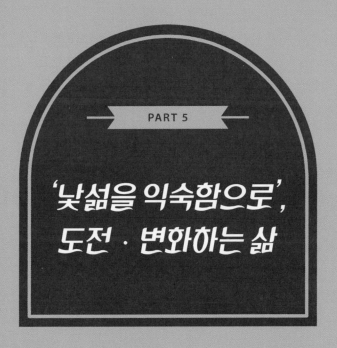

PART 5

'낯섦을 익숙함으로',
도전 · 변화하는 삶

엄마 버킷리스트 5.
바틱 입고 헤나타투하고 이슬람 사원에서 인생샷

파리에 살 때 접했던 패션 브랜드 '안틱바틱ANTIK BATIK' 옷들은 하늘하늘한 원단에 매우 동양적인 문양들로 디자인되어 있고, 길이도 셔츠인 듯, 원피스인 듯하여 롱부츠와 함께 입으면 파리지앵의 모습을 쉽게 연출할 수 있었다. 물론 내가 아닌 적절하게 큰 키에 좁은 어깨, 바게트 다리를 한 파리 여성들에게 딱 맞는 브랜드였다. '안틱바틱'은 디자이너 가브리엘라 코르테스Gabriella Cortese가 세계 여행을 마치고 1992년에 론칭한 프랑스 브랜드다. 로맨틱하면서도 내추럴한 룩이 특징이고, 특히 시선을 사로잡는 독특한 프린트와 색감에서 인도 혹은 아시아의 정서를 깊게 느낄 수 있었던 것 같다.

▸ 프랑스 파리의 안틱바틱 매장

바틱(Batik)이란?

그런데 그러한 바틱을 여기서는 오젠틱제대로하게 느낄 수 있다. 바틱은 원래 인도네시아의 자바Java에서부터 시작되었는데, 수공으로 염색하는 기법이라고 한다. 인도네시아를 원산지로 하는 바틱이 여기 싱가포르에서도 전통 의상 등에 사용되고 있다. 예를 들면, 싱가포르 항공사 승무원들의 유니폼에서 볼 수 있는 특유의 기하학적 무늬 등이다. 이 문양과 컬러 원단으로 만들어진 다양한 상품들을 싱가포르에서 쉽게 접할 수 있다.

바틱에는 정말 다양한 패턴들이 있는데, 이러한 패턴의 바틱은 아랍 문양, 일본의 벚꽃, 유럽의 꽃, 인도의 공작 등 여러 나라의 영향을 받아 각양각색의 모티브를 만들어 낸 것이다. 마치 싱가포르가 여러 국적의 이민자들을 받아들여 다채로우면서 조화로운 모습을 만들어 낸 것과 같이.

　이러한 바틱 원피스를 입고 딸아이와 같이 리틀인디아에 가서 개인의 기원을 담는 의식인, '헤나 타투^{Hena Tatoo}'를 하고 싶다. 이왕이면 캄퐁 글램^{Kampong Glam} 술탄 모스크^{Sultan Mosque, 이슬람 사원} 앞에서 '세상에서 가장 이국적인 인생샷'을 한번 눌러 주고. 인도네시아풍의 바틱을 입고 인도식 헤나를 하고 이슬람 사원을 배경으로 사진 촬영을 하는 것은 '싱가포르'라는 곳에서만 가능하지 않을까? 다양한 문화와 특징을 담은 사진 한 장이 싱가포르라는 곳이 어떤 곳인지를 표현해 줄 수 있을 거 같기 때문이다.

바틱 공용의 신발

▶ 술탄모스크가 있는 캄퐁글램의 부소라(Bussorah) 스트리트

멜팅팟의 나라, 싱가포르

싱가포르는 미국과 같이 200여 년 전부터 이주해 온 이민자들이 만든 나라이다. 지금은 토착민이었던 말레이 인종보다 중국인들이 70% 이상을 차지하고 있다. 2018년 6월 통계[22]로 보면 전체 인구 564만 명 중 장·단기 체류 외국인 164만 명과 영주권자 52만 명을 제외하면 실제 싱가포르 국적을 가진 사람은 350만 명이다. 시민 347만 명을 다시 인종별로 나누어 보면, 중국인 76.1%, 말레이 15%, 인도인 7.5%로 구성되어 있다. 인구의 76%를 차지하는 중국인들은 대부분 남중국에서 이주해 왔다. 이들은 다시 방언 그룹에 따라 복건福建성城, 광동廣東성, 해남海南성, 객가客家와 조주潮州[23] 등 다섯 가지로 나뉠 정도로 다양하다.

최근에는 북경어=만다린를 권장하고 있으나, 생활 속에는 남방어가 많이 자리 잡고 있어 기본적인 남방어를 알아 두면 편하다. 예를 들어, 각 지역의 음식을 표현함에 있어 '칸톤', '떠쥬', '호키엔', '하이난' 등이 앞에 붙는 경우가 많은데, 우리가 좋아하는 '하이난 치킨 라이스'는 해남성 즉, 하이난에서 건너온 중국인들이 전해 온 음식이라는 것을 짐작할 수 있기 때문이다.

---

22 Population.Sg, https://www.population.sg/population-trends/people-society

23 복건(福建)은 북경어로는 '푸젠', 남방어로는 '호키엔(Hokkien)이라고 불리며, 광동(廣東)은 북경어로는 '광둥', 남방어로는 '칸톤(Caton)이라고 불린다. 해남(海南)은 하이난(Hainan), 객가(客家)는 하카(Hakka), 조주(潮州)는 떠쥬(Teochew)라고 불린다.

싱가포르 종교 축제일

종교별로 나누어 보아도 불교 33%, 기독교 18%, 이슬람교 14%, 도교 10%, 힌두교 5%, 기타 20%로 나뉘는 다종교 국가이다. 싱가포르의 연중 공휴일은 10여 일밖에 안 될 정도로 적은 편인데, 그중 대부분이 종교 관련인 걸 보면 종교에 대한 상호 간의 존중과 배려가 담겨 있어 보인다. 5월에 베삭 데이Vesak Day, 석가탄신일, 6월 하리라야 푸아사Hari Raya Puasa, 이슬람교도들의 단식 기간인 라마단이 끝나는 날, 11월 디파발리Deepavali, 힌두교 새해 축제, 12월 크리스마스 등 주요 종교 축제일은 모두 공휴일로 지정되어 있다. 따라서, 각 축제 기간 동안 차이나타운, 리틀인디아, 캄퐁글램Kampong Glam, 오차드 거리 등을 방문하면 현지와 거의 유사한 오젠틱한 축제 문화를 즐길 수 있다.

사실 종교 축제일은 단순히 종교의 기원이나 염원 외에 더 큰 의미가 있는 것 같다. 앞에서도 언급했듯이 싱가포르는 '이민자들의 멜팅팟'이다. 중국 청나라 아편 전쟁 이후 황폐해진 고향을 등지고 물밀 듯 밀려온 남중국 이민자들, 영국 식민지 시절 가난을 피해 이주해 온 남인도 이민자들의 고된 노동과 삶으로 초기 도시 건설이 이루어졌다. 이민자들은 그들의 무사 도착[2]에 대한 감사와 현지 생활 안녕, 정착 시 인종 공동체 성장과 정신적 지주 역할을 위해 다양한 종교 건축물[부록2]을 지었다. 그래서 우린 다양한 종교의 사원들을 보며 싱가포르라는 국가를 만들어 갔던 그들의 희로애락을 느

‣ 리틀인디아에 있는 벽화

‣ 리틀인디아에 있는 힌두 사원

‣ 힌두교의 새해 축제, 디파발리(Deepavali)

끼며 기도드릴 수 있다. 이러한 사원들을 중심으로 한 인종별 공동
체 형성과 지역별 거주 형태, 그리고 그들의 고유 언어 사용은 이민
자로서 정착과 생활을 보다 수월하게 해주었을 것이다. 하지만 그
들의 정체성을 '싱가포르'라는 국가가 아닌 그들의 인종과 민족 등
에서 찾고자 했던 것은 사회 통합을 저해하는 요소가 되었다. 그래서
다양한 인종과 민족, 언어, 종교들을 뛰어넘어 사회 통합의 큰 역할

을 한 것이 '싱글리시'라고 생각된다. '싱글리시'는 싱가포르 Singapore 와 잉글리시 English 의 합성어이다. 싱가포르는 1970년대에 교육과 비즈니스를 위한 공용어로 '영어'를 채택하면서 이중 언어 정책을 펼쳤다. 인종 집단별로 그들의 뿌리와 정체성은 유지하되, 다언어·다민족들을 '싱글리시' 안에서 하나의 '국가 정체성'으로 통합시켰다. 인종 및 종교, 민족을 초월하여 모두가 '싱가포르인'이라는 자부심을 갖게 한 것이다. 영어를 공용어로 함으로써 각 인종이 교육의 동등한 기회를 누리면서 국제도시로서의 경쟁력을 크게 높이는 효과도 생겨났다.

싱글리시(Singlish)

사실 처음에는 싱가포르인들의 영어를 알아듣기가 많이 힘들었다. 영어의 특징 중 하나인 억양 패턴이 거의 없는 밋밋한 문장 구사에, 사용하는 용어도 미국이나 영국과 달라서 어려웠다. 예를 들어, 우린 '주차장'을 '파킹랏 Parking Lot '이라고 하지만 여기서는 '까팍 Car Park '이라면서 센 발음으로 표현하는 바람에 알아듣기가 힘들었다. 또한 다양한 정중한 표현보다는 'Can'이라는 조사로 많은 것이 표현 가능하다. 무엇인가 어려운 부탁을 할 경우 단순하게 "캔 Can ?" 이라 말하면서 끝의 억양을 높이면 상대방은 "캔캔 Can Can " 하고 긍정의 답을 준다. 혹시나 부정의 답을 준 경우에는 다시 "캐~엔 Ca~en ?" 하면서 길게 발음을 하면 "다시 한번 고려해 달라"는 표현이 된다. 반면, 싱가포르인들의 영어는 우리가 학창 시절 배웠던 문법에 따라 구사를 하기 때문에 익숙해지기만 하면 소통이 무척 편해진다. 미국 대통령의 소셜미디어에 등장하는 어순과 어휘보다도 간결하고 문법에 맞아서 이해가 쉽다.

프랑스 파리에서 직접 보고 경험한 바에 의해도 다인종, 다종교, 다민족, 다국적, 다문화 등은 멜팅팟에 하나로 녹이기도 쉽지 않을 뿐더러, 잘못 결합되면 사회 불안정을 초래할 위험이 크다. 하지만 싱가포르는 '싱글리시'라는 통일된 언어와 이를 통한 교육 정책, '타인에 대한 존중과 배려'라는 전통적 가치를 강하게 유지하면서 다양한 인종과 종교가 평화롭게 공존하도록 했다. 이처럼 싱가포르는 확실한 공통된 국가 정체성을 가진 나라로 자리매김했다. 그래서 싱가포르 창이공항에 처음 들어섰을 때 '적당히 서구적, 이국적이면서도 아시아의 느낌을 간직해서 편안한 느낌'을 받은 것 같다.

[줌인(Zoom-In) 싱가포르 1] **싱가포르 공휴일**

1월	2월	3월	4월	5월	6월
타이푸삼 (Thaipusam)[24]	구정 (Chinese New Year)	성금요일 (Good Friday) 부활절 직전의 금요일		베삭 데이 (Vesak Day) (석가탄신일)	하리라야 푸아사 (Hari Raya Puasa)[25]

7월	8월	9월	10월	11월	12월
	독립기념일 (National Day)			디파발리 (Deepavali)	하리라야하지 (Hari Raya Haji)[26] 크리스마스 (Christmas)

---

24 타이푸삼: 힌두 신화에 나오는 무르간(Murgan)이 1년에 단 한 번 어머니 신을 만나는 날로, 힌두교도들이 온몸에 바늘과 꼬챙이를 꽂고 속죄하는 행진이 유명하다.

25 하리라야 푸아사: 이슬람교도들에게는 1년 중 가장 중요한 명절이며, 금식 기간(라마단)이 끝났음을 축하하는 행사이다.

26 하리라야 하지: 이슬람교도들의 평생 의무인 메카 순례를 마치고 돌아온 것을 축하하는 날이다.

중국인들의 명절, 구정과 중추철(仲秋節, Mid Autume)

싱가포르 인구의 70% 이상이 중국인이다. 그래서 우리나라와 유사한 명절이 싱가포르에도 있다. 구정과 중추절이 있는데, 싱가포르에서는 구정만 휴일이다. 중추절 행사는 '월병月餠, Moon cake'을 선물하는 상업적 이벤트만 크게 열린다. 인종별, 민족별 행사를 공휴일로 공평하게 분배하다 보니 중추절 행사는 본토 중국과 달리 휴일이 되지 못했다는 이야기도 있다.

중국인들의 최대 명절인 구정, 즉 차이니즈 뉴 이어Chinese New Year는 싱가포르 공휴일 중 유일하게 이틀 연휴이다. 나머지 공휴일들은 모두 하루씩만 쉰다. 우리나라와 같이 연휴 혹은 대체 휴일 제도는 없어 실제로 긴 연휴의 여유로움은 싱가포르에는 없다. 구정을 전후로 싱가포르는 붉은색 장식으로 가득 차게 된다. 집안이나 건물 장식을 위한 많은 데코레이션들이 전시된다. 그리고 주변 사람들에게 나누어 줄 금일봉(?)들을 위해 빨간색 봉투일명 홍바오, Hong-Bao를 준비해야 한다. 감사의 표시로 소정의 금액을 빨간색 봉투에 담아 친인척은 물론 회사 동료, 아파트 내 경비원들에게 전한다. 우리나라의 세뱃돈 개념과 비슷하나 반드시 빨간색 봉투에 담아 드리려니 봉투 준비도 만만하지 않다. 이 시기에는 카페나 호텔, 하다못해 글로벌 명품 브랜드에서 사은품으로 빨간색 봉투를 주는 경우도 있다. '구찌Gucci' 빨간색 봉투에 10달러 내외를 담아 주려니 봉툿값을 못하는 느낌도 받는다.

구정에는 붉은색 봉투나 장식 외에도 귤나무가 곳곳에 진열되어 있다. 수십 개의 귤이 달린 귤나무를 화분 형태로 호텔이나 고층 빌딩 로비 입구에 가득 전시해 놓는다. 실제로 따서 먹고 싶을 정도로 탐스럽게 익은 싱싱한 귤나무 화분들이 구정 전후로 많이 보인다. '오렌지Orange'의 발음이 중국어로 '금Gold'와 유사하고

▸ 빌딩 내 귤나무 장식

중국인들의 명절, 구정과 중추절(仲秋節, Mid Autume)

'귤Tangerine'의 발음은 '행운Luck'과 유사하여 재물과 복을 불러들이기 위해 이렇게 장식한다고 한다. 실제로 귤이나 오렌지가 구정 선물용으로도 인기가 좋다.

중국인들은 가족 중심적이다. 그래서 반드시 구정 같은 큰 명절에는 모여서 만찬을 즐기는데 이를 '재회 만찬Reunion Dinner'이라고 한다. 이러한 가족 만찬을 위한 음식 재료는 물론 엄청나게 큰 식기, 그리고 만찬 요리를 위한 레시피북 등이 마트를 가득 채운다. 또한 구정 즈음에는 유셍Yusheng이라는 음식이 모든 레스토랑과 마트에서 제공된다. 각양각색 컬러의 재료들을 가지런히 담아 놓은 접시로 된 샐러드용 음식이다. 익히지 않은 생선과 각종 채소를 곱게 채 썰어 색색으로 장식한 접시는 시각적으로도 예쁘다. 유셍을 먹을 때는 기다란 젓가락으로 '로헤이Lo hei'를 외치며 가능한 한 높이 위로 올려 던지는 퍼포먼스를 한다. '로헤이'는 광둥어로 '행운을 던지다'의 뜻으로, 높이 던지면 던질수록 행운을 많이 불러온다고 한다. 그래서 구정 시즌에는 신년회를 위해 많은 레스토랑과 음식점에서 로헤이를 위한 유셍Yusheng 메뉴가 준비된다. 미슐랭 스타 혹은 호텔 파인 다이닝 레스토랑 등 고급 레스토랑에서조차도 10여 명이 모여 긴 젓가락으로 음식을 위로 던지며 '로헤이'를 외치는 모습을 쉽게 볼 수 있는데, 처음 보는 이들에게는 지저분하고 요란스럽게 음식을 가지고 장난한다는 느낌을 준다. 반면 이 시기에는 많은 회사들, 그리고 부서들이 모여 로헤이를 위한 신년회를 하기 때문에 구정 즈음 식당 예약이 쉽지 않을뿐더러 메뉴도 평상시와는 다른 비싼 것으로 준비된다.

▼ 유셩(Yusheng)

▼ 로헤이(Lo hei)하는 장면

중국인들의 명절, 구정과 중추철(仲秋節, Mid Autume)

‣ 라이온 댄스

구정을 전후로, 정확히 말하면 구정 후 보름 전까지 싱가포르에는 곳곳에서 라이온 댄스 퍼포먼스가 벌어진다. 야외 공원은 물론 오차드에 있는 쇼핑몰, 아파트 로비 한가운데에서도 수십 명의 공연자들이 나타나 라이온 댄스 공연을 한다. 한국의 경우, 시골 장터에서나 볼 것 같은 '사자춤'을 싱가포르에서 가장 럭셔리한 빌딩 로비에서 보는 순간 역시나 '올드 앤 뉴'가 공존하는 싱가포르임을 다시금 깨닫게 된다. 1년에 한 번은 모든 건물에서 이 행사가 벌어진다. 그해의 복을 빌거나 악귀를 내쫓는 의미에서 진행된다고 한다.

음력으로 8월 15일 전후로 싱가포르의 유명 호텔이나 백화점에는 '월병Moon cake' 대형 이벤트가 열린다. 우리나라의 추석과 같은 행사인 중추절은 사실 휴일은 아니다. 그리고 더운 날씨로 인해 중추절 느낌도 잘 나지 않는다. 하지만 곳곳에 크게 열리는 월병 판매 행사로 인해 중추절의 분위기를 엿볼 뿐이다. 싱가포르에 있는 거의 모든 호텔과 유명 베이커리 등에서 전시 판매하는 월병은 싱가포르의 특별한 볼거리이다. 월병을 담은 패키지 및 그 디자인들이 무척이나 개성 있고 고급스럽다. 그래서 월병은 4개 1세트가 80싱가포르달러 이상이다. 지름이 10cm 내외의 3~4cm 두께의 월병 하나에 20달러 이상을 주어야 살 수 있다. 월병은 중국인들, 정확히 말하자면 남중국홍콩, 광저우, 마카오 등인들이 중추절에 만들어서 먹거나 사서 친척과 지인들에게 선물로 나누는 아이템이다. 월병을 자세히 들여다보면 한자로 '장수長壽, Longevity' 혹은 '화합Harmony'이라는 한자를 새겨 놓았다. 서로 간의 무병장수와 화목한 생활을 위해 선물을 주고받았던 거 같다. 그런데 이 월병이 이제는 비즈니스 차원에서의 선물용으로 많이 팔리기 때문에 유명 호텔은 물론 스타벅스, 한국에서 진출한 파리바게뜨에서조차도 월병을 만든다. 싱가포르에서 중추절 분위기를 느낄 수 있는 이벤트는 월병 선물 세트 탐방인 듯하다.

▸ 월병 선물 세트들

♥ 딸 버킷리스트 5.
세포라에서 변신샷

엄마 세대까지만 해도, 미^美의 기준은 정해져 있다고 했다. 심지어 연예인들이 하는 화장 스타일도 다 비슷했기 때문에, 태생적으로 예쁘지 않다면 예뻐지는 것이 한계가 있었던 시절이 있었다. 하지만 점점 화장품 종류와 방법이 다양해지면서 자신을 예쁘고 개성 있게 꾸밀 수 있는 방법이 무궁무진해졌다. 뷰티콘^{Beautycon}의 CEO인 헬레나 루빈스테인^{Helena Rubinstein}이 말한 것처럼 "못생긴 여자는 없다, 게으른 여자들만 있지^{There are no ugly women, only lazy ones}"의 명언(?)이 딱 맞는 시대가 되었다.

또한 개성이 점점 중요해지는 시대인 만큼, 화장품은 여자들의 필수품이 되어 버렸다. 각자 자신이 부각시키고 싶어 하는 부분은 다르겠지만, 자신에게 맞는 화장법을 찾는 행동만은 공통된다. 하지만 그것은 시간적으로나 물질적으로 비용이 많이 든다. 반면 지속적으로 실험해 보고 자신에게 맞는 화장법을 찾아가면서 그 과정에서 느끼는 성취감과 자신이 갈수록 예뻐진다는 느낌은 큰 비용을 상쇄시킨다. 예를 들면, 화장이 잘된 날 사진을 찍고, SNS에 올려 라이크 또는 하트를 받으면 즐거움이 두 배로 되는 것을 느낄 수 있기에 화장품의 인기가 날로 하늘을 찌르는 것 같다.

화장, 일탈의 수단

일상에 지쳐 있는 사람들에게는 화장은 일종의 '일탈'이라고 할 수 있다. 매일 집, 회사 또는 학교만 다람쥐 쳇바퀴 돌 듯 일상을 보내는 경우, 주말만큼이라도 변신하고 싶은 것이 사람의 욕구이다. 특히 주말에 친구 모임이나 남자친구와 데이트가 있을 때 또는 클럽을 갈 때 등은 평상시와 다른 모습을 하고 싶을 것이다. 이때 가장 빠르고 저비용으로 변신할 수 있는 방법 중 하나는 화장하는 법이라고 생각하기 때문에 사람들이 점점 더 화장품을 찾는 것 같다.

이렇게 화장하는 법도 다양해지고, 화장품 종류도 많아지면서 사람들은 직접 체험해 보는 것을 중시한다. 최근 화장품 매장은 단편적으로 필요한 제품을 사러 가는 곳이 아니라, 사람들의 체험장으로 변하고 있다. 한마디로 말해 '여자들의 놀이터'가 되었다. 직접 써보고 자신과 맞는 제품을 고르는 과정이 일종의 재미로 변한 것이다. 그렇기 때문에 아무리 같은 용도의 제품을 산다고 해도, 다양한 브랜드가 있다면 소비자는 한 매장에서 여러 제품을 시도해 보는 재미를 가질 수 있다. 이러한 장점이 '세포라' 같은 화장품 편집 매장이 유행하는 주요 요인이 된다.

우리나라도 만만치 않게 다양한 화장품 브랜드 매장들이 있다. 하지만 각각의 화장품 브랜드들을 이용해 보기 위해서는 각 브랜드 매장을 별도로 찾아가야 하는 불편함이 있다. 자신과 맞는 제품을 찾기 위해서 모든 화장품 매장들을 둘러 보다 보면 시간도 많이 낭비되고 비효율적일 수 있다. 그래서 싱가포르에 오면 꼭 세포라를 들러 자신과 맞는 제품을 찾기를 바라는 마음으로 이 챕터를 쓴다.

▸ 세포라

일탈의 장소, 세포라(Sephora)

세포라는 프랑스 럭셔리 브랜드인 루이비통 등을 운영하는 LVMH 그룹이 운영하는 화장품 전문 편집매장이다. 세포라 자체 브랜드 및 기타 중저가 브랜드 제품 외에 샤넬과, 디오르, 입생로랑 등 백화점에 입점한 고급 브랜드 제품을 한 자리에 모아 놓았다. 다양한 하이앤드 High-end 브랜드들을 부담 없이 사용해 보고 체험해 볼 수 있는 장점을 가지고 있다. 또한 세포라에서만 찾아볼 수 있는 독점 브랜드 Exclusively at Sephora 도 꽤 많이 보유하고 있다.

나는 항상 화장품이든 의류 매장에 들어가면 직원들이 따라다니는 접객이 불편했다. 특히 백화점 1층에 있는 화장품 매장에서 제품을 구경하거나 사용해 보는 것은 굉장히 부담스러웠다. 그런데 '세포라'는 백화점보다 화장품 브랜드가 훨씬 더 많은 반면 직원들 눈치 안 보며 모든 제품을 체험해 볼 수 있어서 편하다. 이런 다양한 브랜드의 화장품들을 직접 사용하고 실험해 볼 수 있을 뿐만 아니라, 세포라에서는 전문가가 화장을 해주는 즐거움을 만끽할 수 있다. 예를 들자면, 싱가포르 오차드 Orchard 에 있는 세포라는 동남아시아 최대 규모의 플래그십 스토어이다. 이 매장은 아시아에서 가장 큰 매장으로, 매장 내 뷰티 스튜디오 Beauty Studio 라는 곳에서 15분간의 무료 메이크업을 받을 수 있다. 15분을 투자해서 여행 중의 일탈을 경험해 보면 좋다.

또한 싱가포르 세포라에서는 다양한 브랜드의 메이크업 바^{Makeup}^{Bar}를 볼 수 있다. 각 브랜드의 시그니처 제품들을 원형 바의 형태로 만들어 전시해 놓았다. 세포라에는 워낙 브랜드가 많기 때문에 이런 방식으로 각 브랜드들의 아이덴티티를 부각시키고 있다. 또한 고객들은 다양한 브랜드의 제품을 한눈에 볼 수 있고, 특정 브랜드의 신제품 혹은 시그니처 상품 등을 쉽게 찾아낼 수 있다.

▼ 메이크업 바

174

세포라 뷰티 스튜디오 ▼

이렇게 한 매장에서 다양한 제품들을 접하고 직접 체험할 수 있는 시스템은 여성들에게는 더할 나위 없이 좋은 쇼핑 환경이다. 특히 고소득의 워킹 우먼들에게는 이러한 쇼핑 환경이 필요하다. 원스톱One-stop 쇼핑은 물론 자신의 변신을 통한 스트레스 해소가 되는 곳이 '세포라'이다. 싱가포르는 여성들의 평균 수입이 남성들보다도 높은 나라이다. 많은 여자들이 일을 하기 때문에 자신에 대한 투자도 많다. 그래서 동남아시아 시장의 교두보로 론칭한 '세포라' 플

래그십 매장이지만, 관광객들보다는 싱가포르 여성 고객들을 통한
매출이 꽤 높다고 한다. 싱가포르 여성 고객들을 위한 많은 이벤트
들이 끊임없이 이어진다. 이렇게 현지인들을 위한 이벤트들이 많긴
하지만 싱가포르에 놀러 오는 관광객인 만큼 그 혜택을 누리면 좋
겠다. 짧지만 항상 다양한 이벤트를 하고 있는 세포라인 만큼 잘만
찾아보면 돈도 아끼며 고품질의 제품들을 찾을 수 있을 것이다.

▸ 세포라 뷰티 스튜디오

[줌인(Zoom-In) 싱가포르] 세포라 이용 팁(Tip)

1. 15분간 무료 화장 받기

2. 하이앤드 브랜드 화장품 부담 없이 사용해 보기

3. $100 금액만큼 구매하고 무료 풀메이크업 받기

4. 다양한 이벤트 참여하기^{매달 브랜드 돌아가며 이벤트 함}

5. 뷰티인사이더 커뮤니티 페이지^{Beauty Insider Community Page}를 이용하여 자신이 찾는 제품에 대한 정보를 사전에 제공받기

6. 세포라 버츄얼 아티스트 툴^{Sephora's Virtual Artist tool} 사용하여 자신에 맞는 제품 찾아 보기

사랑하는 지원아~

　전에 카페에서 다섯 명의 싱가포르 여성들이 노란색, 빨간색, 초록색, 하얀색, 검은색으로 각각 차려입고는 다섯 가지 컬러의 음료들을 들고, 서로 '치얼스Cheers'하는 장면 기억하지? 아마도 그들은 사전에 드레스코드를 정한 후, 옷 컬러에 맞추어 음료도 주문한 듯했어. 그때 다시 한번 놀랐었지. 역시 싱가포르는 '다양함'을 추구하는 나라이고 저렇게 다른데도 맘껏 즐겁게 얘기하고 어울릴 수 있다는 점에서. 더 놀라운 것은 그들 의상 컬러에 맞추어 음료도 주문할 수 있었다는 점이야. 마시는 음료조차도 각양각색의 컬러와 종류가 있어 싱가포르에서는 먹고 마시는 일도 즐겁구나.

　어느 칼럼[27]에서 본 글인데, '이질적 요소가 서로 잘 섞이는 것'을 '하이브리드'라고 하더라. 하이브리드의 핵심은 '이질적인 것들이 각자의 정체성은 유지한 채 상호보완과 상승 작용을 통해 최적의 해결책을 제시하는 것'이고. 현대와 미래에는 이러한 능력을 지닌 '하이브리드 인간'이 반드시 필요할 거라고 하는구나.

27　매경춘추(2018.03.13), 원광연, 〈하이브리드 인간〉

난 네가 앞으로도 다양한 문화를 더 많이 접하고 서로 다른 인종들과 어울리며 존중하고 조화롭게 살아가는 법을 배웠으면 해. 물론 네가 가진 '한국인Korean'이라는 정체성은 절대 간직한 채로. 그러기 위해서는 새롭고 낯선 것에 대한 두려움을 없애고 변화하는 도전을 해야 하지 않을까? 다른 문화를 접한다는 것은 지금껏 살아온 삶과 다른 그리고 예측 불가능한 상황으로 너를 밀어 넣는 것이니까, 너의 '뇌'를 항상 깨우는 방법[28]이 될 거야.

또한 그들과 대화할 수 있도록 언어를 습득해야겠지. 이미 프랑스에 살면서도 느꼈듯이 하나의 언어를 습득하는 것은 '또 하나의 문화를 체득하는 결과'를 가지게 된단다. 그들의 문화를 좀 더 깊이 느끼고 즐길 수 있으니까. 그리고 '다름'에 대한 인정과 수용, 배려도 잊지 않길 바란다.

28 조선일보(2018.01.17), 김대식, 〈대한민국의 겨울잠〉

엄마~

사실 이 책을 쓰면서 가장 어렵고 고민을 많이 한 부분이 세포라였던 것 같아요. 프랑스 파리에서 가끔 필요한 제품만을 사러 잠시 들러 본 적은 있지만, 온전하게 세포라를 즐겨본 적은 없거든요. 저는 화장도 진하게 하지 않을 뿐만 아니라, 화장품 종류도 기초 화장 정도밖에 몰랐었으니까요. 하지만 싱가포르를 소개하려면 '세포라'를 빼놓고는 뭔가 허전한 느낌이고, 반대로 싱가포르에서 가장 큰 화장품 편집숍인 세포라에 대해 글을 쓰려니 사실 굉장히 난감했어요. 고민은 되었지만, 꼭 소개해 주고 싶은 파트이기도 했지요.

처음 방문했을 때는 10분 정도 머물면서 내가 그나마 관심 있는 BB크림, 향수, 마스카라 정도만 보고 나왔어요. 그런데 계속 꾸준히 방문해 보고 머물러 있는 시간이 길어지면서 새로운 종류의 화장품, 브랜드들이 하나둘씩 눈에 들어오기 시작하더라고요. 이렇게 가벼운 관심으로 시작해서 직접 얼굴과 입술에 발라 보고, 직원들과 소통하면서 화장품 세계에 눈을 떠가는 느낌이 들었어요. 제품 외에도 이벤트 디스플레이, 접객 서비스, IT를 반영

한 기기 등 세세한 부분까지도 이해하게 되었어요. 그리고 화장을 통해 나도 엄마도 변신할 수 있다는 것도 재미있었어요. 저의 이목구비에 대한 새로운 발견 같은 거…. 작은 붓 터치 하나로 제 코가 높아지면서 예뻐지더라고요.

'변화' 혹은 '도전'이라는 것이 처음에는 낯설지만 곧 익숙해질 수 있다는 것을 다시금 깨달았어요. '낯섦을 익숙함'으로 만드는 걸 두려워 말아야겠어요. 이런 '변화에 대한 도전'은 성장의 느낌도 주고, 잠시나마 '몰입'을 하니 행복감도 느끼게 되네요. 이렇게 처음에는 무관심한 분야에도 한 번 더 둘러보고, 관찰하고 분석해 보니까 또 다른 세계가 열리는 듯하네요. 이는 삶에도 적용이 될 수 있는 것 같은데, 앞으로는 아무리 새로운 것도 한번이 아니라 두 번 세 번 정도 돌아보는 습관을 들여야겠다는 생각이 들었어요.

▸ 매년 3월에 열리는 마리나베이 '라이트 아트 페스티벌(Light Art Festival)' 포스터

PART 6

스토리가 있는 삶

♥ 엄마 버킷리스트 6.
싱가포르의 도시 마케팅 전략을 찾아서

2001년 개봉한 영화 《오션스 일레븐Ocean's Eleven》에서 보았던 벨라지오Bellagio 호텔의 분수쇼를 직접 관람했던 감동은 아직도 여전하다. 난생처음 보는 분수쇼라 그 충격의 강도는 더 컸다. 분수의 여러 형태의 동작과 다채로운 컬러, 여기에 찰떡궁합 같은 음악과 조명의 어우러짐은 지금도 눈을 감으면 떠오른다. 그래서 그 이후에도 분수쇼가 있다면 어디든 찾아가 즐기려 했지만 기존에 각인된 나의 감응을 깰 수 있는 쇼는 없었던 것 같다.

싱가포르 조명쇼

그런데 마리나베이 더 숍스에서 보는 조명쇼, '원더풀쇼'는 또 한 번의 새로운 경험이었다. 앞으로도 쉽게 잊히지 않을 장면이라 생각된다. 미국 라스베이거스 벨라지오의 인공 분수쇼와 달리 바닷물을 분수처럼 쏘아 올려 그 물보라에 다양한 콘텐츠 영상을 투사하여 마치 영화를 보는 느낌까지 더 했다. 영상 스토리에 따라 춤추는 듯한 분수의 몸놀림과 음향에 취해 15분 동안 많은 사람들은 숨죽이며 보게 된다. 그 영상을 담아 가기 위해 열심히 촬영에 몰두하기도 한다. 반면 플러턴 베이 호텔이 있는 도심 측에서 이 쇼를 본다면 물보라의 영상은 즐기기 어렵겠지만, 대신 마리나베이 샌즈 호텔에서 쏘아대는 레이져쇼를 감상할 수 있다. 만약, '싱가포르 강 크루즈'를 한다면 호텔과 도심 측 사이 바다 위에서 분수쇼와 레이져쇼 모두를 감상할 수 있기도 하다.

마리나베이 샌즈의 원더풀쇼를 보았다면, 서둘러 '가든스 바이 더 베이'로 발걸음을 옮겨 '슈퍼트리쇼 Super Tree Show'를 보러 가야 한다. 분수쇼는 기존의 이벤트를 발전·변형시킨 것이라면, 슈퍼트리쇼는 과거 어느 나라에도 없던 공연 방식과 콘텐츠를 만들어 낸 것이다. 물론 '가든스 바이 더 베이' 또한 어디서든 찾아보기 어려운 세계 최대 규모의 인공 정원이고, 슈퍼트리는 철근과 콘크리트로 뼈대를 만들고 그 위에 패널을 얹어 16만 개의 진짜 식물을 심어 만든 인공 나무다. 10여 개의 거대한 메탈 트리로 숲의 형상을 이루고 있는 이곳 바닥에 누워 10여 분간 펼쳐지는 조명쇼를 감상하는 것은 세계 어디서든 아직 경험하지 못한 감동이라 할 수 있다.

‣ 마리나베이 분수쇼: 마리나베이 샌즈 호텔 앞에서 볼 때

‣ 마리나베이 분수쇼: 플러턴 호텔에서 볼 때

더구나 다른 어느 나라보다 '슈퍼트리쇼'가 싱가포르라는 곳에 가장 어울리기 때문에 더욱 감동적이다. 싱가포르의 강렬한 햇빛과 많은 강우량은 식물들을 빠르게 성장시킨다. 자라는 속도나 그 크기는 상상이 힘들 정도로. 보태닉 가든에서 본 나의 키보다도 두 배는 더 큰 사이즈의 나뭇잎은 단숨에 공포(?)를 느끼게 할 정도였다. 이러한 자연을 싱가포르는 잘 다스리고 활용한다. 1960년대부터 시작된 '정원 도시Garden City' 혹은 '그린시티Green City'의 정책이 이어져 서울만 한 도시 크기에 400여 개의 공원과 600여 개의 커뮤니티 가든Community Garden 이 만들어졌다. 그래서 적도 열기에도 불구한고 콘크리트 복사열 같은 더위는 전혀 없다. 또한 녹색 정원 도시라는 이미지가 테크놀로지와 연결되어 지금의 '가든스 바이 더 베이'를 만들어 내고, 더 나아가 50m가 넘는 인공 나무들을 통해 세상 어느 나라에도 없는 조명쇼로 싱가포르를 차별화하고 있다.

싱가포르 랜드마크

싱가포르는 특히 사람과 자본을 유치하기 위한 도시 마케팅이 절실히 필요한 국가이다. 그런데, 도시를 마케팅하려면 소위 '소재'가 있어야 한다. 그 소재는 다른 경쟁 대상의 것과는 차별화되고 독특해야 한다. 싱가포르라는 국가는 그러한 소재를 쉽 없이 생산해 낸다. 아주 오래전부터 도시가 마치 살아 있는 생명체처럼 끊임없이 달라지고 변화해 왔고 변화하는 중이다. 그런 변화를 하나의 스토리로 만들어 '시티 갤러리^{City Gallery}'를 통해 제공도 하고 있다. 싱가포르는 현재의 모습뿐 아니라 과거의 모습도, 미래에 변하고자 하는 모습도 모두 이야기로 만든다.

그 나라 이름을 들으면 바로 떠오르는 '이미지' 혹은 '랜드마크'와 '콘텐츠^{스토리}'들을 장기적 계획하에 생산해 내고 마케팅한다. 10여 년 전에는 없던 '마리나베이 샌즈 호텔', '가든스 바이 더 베이'는 지금의 싱가포르를 대표하는 랜드마크가 되었다. 그리고 확보된 많은 하드웨어의 명성은 다양한 이벤트나 조명쇼, F1 행사 등 끊임없이 변화하는 스토리^{콘텐츠}를 제공함으로써 지속적인 입소문을 자아낸다.

마리나베이 샌즈 호텔을 마주 보고 있는 호텔이 하나 있다. 2001년 리모델링을 거쳐 400개의 럭셔리 룸을 가진 호텔로 변신한 '플러턴 호텔^{Fullerton Hotel}'이다. 지금은 싱가포르의 랜드마크 역할을 '마리나베이 샌즈 호텔'로 넘겨주었으나, 플러턴 호텔 건물이 생길 당시만 해도 매우 전략적 의미가 담긴 건물이었다. 1920년대 당시 '우체국' 등 기타 정부 기관 건물로 지어졌는데, 이는 많은 유럽 이민자들을 끌어들이기 위한 것이었다. 도시를 상업 중심지로 탈바꿈하며 글로벌 시티^{Global City}로 변화하고자 하는 거대한 목표가 있었다. 실제로 이를 통해 차타드 뱅크^{the Chartered Bank}와 HSBC 등의 많은 유럽 자본들이 유치되었다고 한다. 또한 당시 은행 건물 안에는 자

▼ 현재의 싱가포르 랜드마크: 마리나베이 샌즈호텔

▼ 1920년대의 싱가포르 랜드마크: 풀러턴호텔

산가와 엘리트들을 위한 '싱가포르 클럽^{현재의 싱가포르 타운 클럽}' 장소도
마련되어 있었다는 사실을 보아도 '전 세계 부호들과 그들의 자산
유치'라는 싱가포르 전략은 오래전부터 시작된 거 같다.

싱가포르 퓨처폴리스(Futurepolis)

이러한 마케팅의 소재를 마련하는 작업, 즉 지금의 국가 핵심 관
광 자원은 적어도 20~30년의 중장기적 비전에 따른 결과라고 한
다. 물론 미래 50년의 도시 콘셉트 플랜도 준비되어 있어 2065년까
지 '지속 가능^{Sustainable} 도시'로 재탄생시켜나갈 예정이라고 한다. 지
금까지는 간척을 통해 국토를 확장하며 늘어나는 인구들을 수용하
고 새로운 랜드마크들을 만들어 왔다. 그러나 이제는 주변 국가들
과의 이해 문제로 인하여 더 이상 간척을 통한 국토 확장이 어렵다.
그래서 싱가포르는 새로운 방식의 개념으로 도시 확장을 꿈꾸고 있
다. 일명, '미래 도시^{Future+Polis}' 프로젝트를 위해 정부는 물론 도시설
계자, 건축공학가, 대학교수 등 전문가 집단들의 끊임없는 협업이
이루어지고 있다. 미래의 싱가포르는 하늘로 수백 미터 솟은 높은
빌딩들이 모인 버티컬 시티^{Vertical City} 그리고 바다 위에 떠있는 플랫
폼 위에 골프장과 공원, 주거 공간들을 만든 플로팅 시티^{Floating City}
의 모습을 꿈꾸고 있다.

조명쇼를 즐길 수 있는 장소

1) 마리나베이 샌즈 '원더풀쇼(Wonderful Show)'

장소: 10 Bayfront Ave, 마리나베이 샌즈 앞 이벤트 프라자

운영 시간: 일요일과 주중 저녁 8시, 9시/금~토요일 저녁 8시, 9시, 10시

2) 가든스 바이 더 베이의 '슈퍼트리쇼(Super Tree Show)'

장소: 18 Marina Gardens Drive, Singapore

운영 시간: 매일 저녁 7시 45분, 8시 45분

3) 센토사 섬 '윙즈오브타임(Wings of Time)': 바다에서 펼쳐지는 영상 분수쇼

장소: 센토사 익스프레스 비치 스테이션 근처

운영 시간: 저녁 7시 40분, 8시 40분

4) 크레인 댄스(Crane Dance)

장소: 센토사 씨 아쿠아리움S.E.A; South East Asia Aquarium 근처 특설 무대

기타: 공연 일정 최종 확인 후 방문

♥ 딸 버킷리스트 6.
동남아시아 문화 예술 허브의 꿈을 찾아서

여행 스타일은 사람마다 다를 수 있다. 누구는 맛집, 누구는 그 나라의 역사적인 장소 및 유적지, 누구는 자연 및 풍경 위주로 여행한다. 반면, 나는 여행할 때 꼭 들르는 장소가 있는데, 그곳은 바로 미술관과 박물관이었다.

나에게 박물관과 미술관은 여행하는 나라의 역사, 문화, 그들의 삶의 기록을 그대로 옮겨 놓은 거대한 '데이터 저장소'라고 생각하기 때문이다. 프랑스의 경우, 루브르, 오르세, 퐁피듀 등 시대별로 세 박물관으로 나눠서 미술 작품들을 전시해 놓은 것만 보아도 그들의 역사가 얼마나 길고 깊은지 알 수 있다. 이 세 박물관을 모두 관람하면, 시대별로 어떤 일이 일어났고, 그 당시에 사람들이 무엇을 즐기고 생각했는지 작품들을 통해 유추할 수 있다.

동남아시아 최고의 아트 허브

반면 싱가포르는 200년밖에 안 된 짧은 역사를 가지고 있다. 그래서 프랑스를 포함한 다른 유럽 국가들에 비하면, 박물관이나 갤러리에 대한 기대를 많이 안 하고 올 수 있다. 하지만 짧은 역사임에도 내셔널 갤러리를 비롯하여 여러 박물관과 미술관, 갤러리 등을 발견할 수 있다. 2025년까지 싱가포르를 파리, 뉴욕, 런던 같은 예술 도시로 만들겠다는 목표로 싱가포르 정부는 지난 10여 년 전부터 문화 예술 분야에 엄청난 지원을 하고 있다. 동남아시아 문화 예술의 허브가 되고자 하는 싱가포르는 2008년에 싱가포르 아트 뮤지엄Singapore Art Museum 과 페라나칸 뮤지엄을 오픈하고 2009년에는 중국, 인도네시아, 타이완 등 아시아의 작가들을 소개하는 컨템포러리 아트 갤러리 '모카@로웬'을 뎀시 힐에 들여왔다. 1955년부터 산업용 제품을 전시해 오던 독일의 레드 닷Red Dot 뮤지엄이 2005년 싱가포르로 이전 오픈했다. 또한 전 영국군 주둔지였던 곳을 새로운 현대 미술 명소로 탈바꿈하여 2012년에는 길먼 배럭스Gillman Barracks 갤러리 지구를, 독립 50주년 기념 해인 2015년에는 초대형 국립 미술관, 내셔널 갤러리를 오픈했다. 이렇듯, 몇 년 사이 동남아시아 최고의 아트 허브로 꼽힐 만큼 주요한 아트 플레이스가 늘어났고, 아트 축제인 '싱가포르 아트 위크2018', 아트페어인 '아트스테이지2018' 등 동남아시아에서 손꼽히는 미술 행사들이 개최되었다. 역시나 어떤 목표가 생기면 일사천리로 프로젝트를 진행하는 싱가포르 정부의 리더십을 문화 예술 측면에서도 엿볼 수 있다.

내셔널 갤러리

수많은 박물관 중, 싱가포르를 대표하는 박물관을 꼽자면, 내셔널 갤러리일 것이다. 이곳은 건물부터 역사적인 공간을 재건축하여 만든 것이다. 현재 건물 두 개를 이어서 만들어 놓았는데, 하나는 '구舊 시청'이고 또 하나는 '구舊 대법원'이다. 그중에 '구 시청'은 제2차 세계대전이 끝나면서 일본군이 항복을 선언했던 곳이기도 하며 영국으로부터 독립을 공표했던 장소이다. 또한 1965년 리콴유가 말레이연방에서 탈퇴하면서 싱가포르 독립을 선언했던 곳이다. 이러한 역사적인 공간을 재건축하여 이제는 싱가포르에서 가장 큰 문화 예술 갤러리로 바꾼 것이다.

▸ 내셔널갤러리 내 UOB 동남아 갤러리

내셔널 갤러리는 싱가포르에서 1, 2위를 다투는 두 은행 DBS Development Bank of Singapore 와 UOB United Overseas Bank 에서 후원을 받아, DBS 싱가포르 갤러리와 UOB 동남아 갤러리로 크게 나누어져 있다. 'DBS 싱가포르 갤러리' 는 19세기부터 현재까지 싱가포르의 역사와 문화, 미술의 흐름을 다루고 있는 섹션이다. 반면 'UOB 동남아 갤러리'는 동남아시아 전체의 주제를 다루고 있으며, 시대마다 동남아시아의 역사적인 상황을 바탕으로 한 작품들을 두루두루 감상할 수 있는 갤러리이다.

서양 미술에 익숙한 많은 사람들에게 동남아의 현대 미술을 바라보는 새로운 시각을 주려고 하는 것이 싱가포르 내셔널 갤러리의 궁극적 목표라고 한다. 그래서 내셔널 갤러리는 싱가포르는 물론 인도네시아, 대만, 인도, 말레이시아, 태국, 일본, 한국, 홍콩 등 동양의 독특한 지역색을 나타내는 아시아 미술에 주목하고 있다. 그 결과로 최근 아시아 경매 시장에서 최고 낙찰가를 기록하

는 아티스트의 작품들을 내셔널 갤러리에서 찾아볼 수 있다. 예를 들어, 중국의 우관중鳴冠中, Wu Guan Zhong [29]의 〈옥용송〉, 인도네시아의 헨드라 구나완Hendra Gunawan 의 〈나의 가족〉, 조젯 첸Georgette Chen, 첸 총 스위Chen Chong Swee, 첸 웬 시Chen Wen Hsi, 쳉 수 피엥Cheong Soo Pieng 및 리우 캉Liu Kang 등 주요 싱가포르 아티스트들의 많은 작품을 접할 수 있다.

동남아 미술의 이해

UOB 동남아 갤러리에는 19세기에서 현재까지의 동남아시아 역사와 미술의 트렌드를 보여 준다. 400개 넘는 작품들을 관람할 수 있는데, 200년이라는 역사를 크게 4분기로 나누어 총 3층으로 전시하여 동남아시아의 역사를 이해하는 데 큰 도움이 된다. 특히 시대별 대표 작품들을 보면 동남아시아의 정치 · 문화적 변화 및 서양미술로 받은 영향력과 그 범위를 알 수 있다. 예를 들면, 주안 루나Juan Luna 의 〈스페인과 필리핀Espana y Filipinas 〉 그림을 주목할 필요가 있다. 백인 스페인 여자가 환한 빛을 향하여 손짓을 하며 필리핀 여자에게 밝은 미래를 위해, 저 길로 가야 한다는 것을 인도하고 있는 듯하다. 이는 스페인 식민 시대를 끝내고 서로 화합하여 앞으로 나아가기를 바라는 마음을 담은 그림으로 보인다. 이 작품은 여러 버전

---

29 중국 1세대 현대 화가인 우관중은 중국 전통 화법에 서양 미술의 추상화 기법을 조합해 중국 현대 미술을 개척한 인물이다.

으로 그려졌는데, 일부는 스페인 마드리드에 있는 '프라도 미술관'에서 만날 수 있다고 한다. 반면 서양화의 테크닉, 화법, 관점 등이 반영된 유화라는 점이 당시 동남아 미술사에 많은 변화가 있었음을 가늠하게 한다. 베트남 아티스트 응우엔 판 찬의 〈시골 가수〉는 베트남 시골을 소재로 하여 실크 위 유화로 담아냈었다. 20세기 초 동남아시아 많은 국가들은 식민 시대를 벗어나 독립을 맞이하게 되면서 잠시나마 평화의 분위기를 느낀 듯하다. 시골을 소재로 하여 실크 위 유화로 담아낸 화풍은 전통적인 베트남식 예술의 특징과 서양 화법을 잘 조화시켜 놓은 듯하다.

제2차 세계대전 이후, 미국과 소련의 냉전과 함께 싱가포르는 물론 동남아시아는 정치적 혼란에 빠지게 된다. 그래서 작품들의 소재나 주제도 혼란에 빠진 나라의 상황들이 많고 이를 세계 예술 흐름에 맞추어 추상적으로 표현하였다. 대표적으로 필리핀 작가 허난도 알 오캄포Hernando R. Ocampo의 〈돌연변이의 춤Dancing Mutants〉은, 오묘한 색감으로 원자폭탄의 무서움을 추상화로 표현하였다. 처음에는 이해가 잘 안 되고 색감에 의해 주목을 하게 되지만, 만약 여기저기 떨어지는 원자폭탄을 표현한 것임을 알게 되는 순간 작은 빨간 공들이 폭탄처럼 보이고, 바람에 휘날리는 풀처럼 보이는 초록색 부분들은 활활 타오르는 불꽃처럼 보일 것이다. 또한 최근 경매 시장에서 동남아시아 미술 시장의 판도를 바꾸어 놓은 인도네시아

▼ 주안 루니의 〈스페인 폴리아〉

▼ 응우엔 판 찬의 〈시골 가수〉

▸ 하난드 얀 오캄포의 〈들여백이의 춤〉

▸ 헨드라 구나완의 〈전쟁과 평화〉

작가, 헨드라 구나완은 평범한 사람들의 삶을 소재로 하였으나 밝고 강렬한 색채를 사용하여 표현하였다. 그래서 그의 작품에서는 현실에 굴복하지 않고 의연한 삶을 이어 나가는 인도네시아 민중들의 힘과 생명력, 자주성이 엿보인다. 예를 들어, 〈전쟁과 평화〉는 다 떨어진 군복을 입은 군인이지만 자신감 넘치고 다부진 표정을 하고 있는 모습이 당당한 그의 기개를 보여 주는 듯하다.

싱가포르 미술의 이해

유럽에서 많은 미술 작품들을 보았던 나에게는 생각보다 화풍이나 화법이 새롭지 않았다. 비록 작품 속 인물들이 아시아인이고, 배경도 싱가포르 또는 동남아시아의 지역들이지만, 색감 또는 그림의 테크닉은 굉장히 익숙했다. 즉, 세계적인 예술의 흐름이 그대로 동남아 미술에도 반영이 되고 있었던 것이다. 유화로 된 작품, 풍경화의 인기, 추상화의 등장 등은 서양 미술과 맥락을 같이하고 있었다. 예를 들자면, 싱가포르 대표적인 아티스트 첸 웬 시의 〈삼수이 여인 Samsui Women〉 그림을 처음 보았을 때, 피카소의 큐비즘이 바로 떠올랐다. 이 그림은 1930년대부터 노동 인력으로 유입되어 온 중국 광동 지역 여성 이민자들이 싱가포르 건설 현장에서 일하는 모습이다. 그림을 자세히 보면, 여자들의 모자 또는 서있는 모습이 모서리를 깎은 듯 추상적인 선의 요소로 처리되었다. 또한 빨간색과 파란색을 사용하면서 선의 구별을 확연하게 보인 테크닉도 피카소의 큐

▸ 첸 웬 시의 〈삼수이 여인〉

비즘에서 많이 영향을 받은 것 같은 느낌이다. 아시아 미술에 미친 서양 미술의 영향력과 그 시대적 차이를 알 수 있는 기회였다.

싱가포르의 여류 화가인 조젯 첸의 〈싱가포르 해변가ᴿᴱᵍᵃᵖᵒʳᵉ ᵂᵃᵗᵉʳ⁻front〉라는 그림은 프랑스 인상파의 점묘법을 사용하여 그린 그림이다. 소재도 싱가포르의 강江이 주소재였으나, 뒤에 있는 건물과 공장에서 나오는 연기 등이 모네의 작품들을 연상시키는 경향이 있다. 싱가포르 미술의 탄생에 기여한 이들 대부분이 미국, 프랑스 등에서 교육받고 유럽 미술의 많은 영향을 받은 사람들로, 난양 스타일Nanyang Style 이라고 불리는데, 이들은 서양 화법에 따른 많은 작품들을 남겼다.그래서, 서양 미술에 익숙한 사람들에게는 내셔널 갤러리 작품 감상이 그리 부담스럽지 않다. 단지, 작품의 주제와 소재 정도가 다를 뿐이다. 예를 들면, 정물화Still Life 소재로 서양 화가들은 사과, 배 등의 과일을 주로 선택하는 경우가 많은데, 동남아 작품들에서는 잭푸르트, 람부탄, 바나나 등의 열대과일을 대상으로 그린 그림들을 찾아볼 수 있다.

이렇게 내셔널 갤러리에서는 다르지만 익숙한 풍의 그림들을 마주할 수 있는 기회를 얻을 수 있다. 아직 동양 미술은 서양에 비하면 역사가 굉장히 짧다. 그래서 서양 작품들처럼 비하인드 스토리를 알기가 어렵거나 없다. 나는 개인적으로 그림의 배경 스토리를 더 관심 있게 보는 편이라 처음 내셔널 갤러리를 갔을 때 많이 실망했다. 하지만 최근에 일고 있는 동양 화가들에 대한 인기와 관심, 열풍을 생각하면 동남아시아 미술을 이해하는 좋은 기회라 생각된다.

‣ 조젯 첸의 <싱가포르 해변>

‣ 챵주치(Tchang Ju Chi)의 <정물화>

싱가포르 아트 플레이스

장소(개관 연도)	특징	주소
내셔널 갤러리 (National Gallery) (2015)	싱가포르 최대 규모의 문화, 예술 갤러리로 2015년, 독립 50주년을 맞아 구 시청사와 법원을 리뉴얼 오픈	1 St Andrew's Rd
길먼 배럭스 (Gillman Barracks) (2012)	싱가포르 현대 미술의 아지트로 해외 아트 갤러리, 음식점, 현대 미술 센터(CCA)가 위치한 현대 미술 갤러리지구	9 Lock Rd
싱가포르 국립 박물관 (National Museum of Singapore) (1887)	싱가포르에서 가장 오래된 박물관으로 싱가포르의 총체적인 역사와 문화, 생활상을 관람	93 Stamford Rd
싱가포르 아트 뮤지엄 (Singapore Art Museum) (2008)	동남아시아 최초로 문을 연 국제적인 규모의 현대 미술관	8 Queen St
레드닷 디자인 박물관 (Red Dot Design Museum) (2005)	뛰어난 디자인으로 수상 경력이 있는 상품과 아이템 등 1,000점 이상 전시	11 Marina Blvd
아시아 문명 박물관 (Asian Civilizations Museum) (1993)	아시아의 예술적 문화유산, 특히 싱가포르의 고대 문화를 살펴볼 수 있는 지역 유일의 박물관	1 Empress Pl
페라나칸 박물관 (Peranakan Museum) (2008)	페라나칸의 유산과 문화를 엿볼 수 있는 가구, 직물, 보석 등 전시	39 Armenian St
모카@로웬 갤러리 (MoCA@Loewen Gallery) (2009)	아트 갤러리 4,000여 평의 부지에 조성된 야외 조각 정원	27A Loewen Rd

너도 다양한 경로로 듣고 읽어서 알겠지만, 싱가포르의 깨끗하고 잘 정돈된 모습과 지금의 스토리는 오랜 기간 인위적인 노력에 의한 것이란다. 전 세계 사람들을 싱가포르로 끌어들이는 많은 요소와 관광 자원들도 모두 장기적인 계획과 실천의 결과이지. 아마도 싱가포르는 장기적인 큰 목표를 가지고 이렇게 스토리를 찾고 쌓아 가면서 많이 행복했을 거 같구나.

장기적으로 자신의 이상적인 모습을 꿈꾸는 것은 행복의 원천이자 삶의 원동력이 된단다. 대량 생산, 대량 소비되는 시대에 태어난 우리 세대들은 그러한 꿈도 꿀 겨를없이 남들과 우르르(?) 휩쓸려 살아왔단다. 어떤 면에서는 깊은 고민 없이 여태껏 살아온 거 같기도 하지만 진정한 나만의 이야기가 있는가 하는 의구심도 든다. 희망이 안 보이고 꿈을 꿀 수 있는 사회가 아니라고 외치는 젊은이들도 많지만, 그래도 가능하면 네가 되고 싶은 모습을 자주 상상해 보고 이야기해 보자. 느리더라도 그러한 목표와 모습을 위해 장기적인 꿈을 갖고 씨실 날실을 엮듯 하루씩, 일주일씩 혹은 한 달, 일 년, 십 년 등 다양한 경험과 이야기를 만들어 가면 좋겠구나. 모 교수님 강연처럼

'경험=스토리의 이력서Resume 혹은 CV'를 가져 보도록 해라. '행복은 경험의 이력서와 비례한다'고 하시잖니. 한 줄 한 줄 더해 가는 '경험의 이력서'가 어느덧 널 설명해 주고 행복하게 만들어 주는 값진 선물이 될 테니. 스토리텔링[30]도 행복의 한 축이 될 수 있다고 하는구나.

인생은 '속도'보다는 '방향'이 중요한 거고, 그러니 네가 원하는 방향이라면 너만의 스토리, 콘텐츠를 만들어 내고 풍부한, 그래서 행복한 사람이 되길 바란다. 아빠의 말씀대로 '너의 행복은 우리의 최고의 가치'라는 거 잊지 말고.

---

30 TED 강연(2017.04) 에밀리 에스파히니 스미스(Emily Esfahani Smith), '삶에는 행복보다 더 중요한 것이 있습니다'

프랑스나 다른 유럽 국가들은 서서히 자연스럽게 오랫동안 쌓여서 생겨난 장소들, 작품들, 이야기들이 많았어요. 그래서 그들의 삶의 모습이나 흔적, 공간들이 끊임없이 연결되고 이야기가 되었고요. 반면에 엄마가 얘기하신 바와 같이, 싱가포르는 인위적인 노력으로 그들의 제도, 문화, 스토리, 관광지 등 모두를 단기간에 이루어 가고 있는 나라 같아요. 그래서 막상 싱가포르의 제도, 문화유산, 작품들의 스토리를 찾으려면 생각보다 부족하더라고요. 하지만 싱가포르는 작은 흔적들의 소중함을 깨닫고 이를 하나하나 정성스럽게 모아서 연결해 가고 있어요. 필요하다고 생각되는 분야에 대해서는 확실하게 육성하고 지원해서 어느 수준 이상으로 만드는 힘도 있고요. '동남아시아 아트 허브'를 꿈꾸며 아트 관련 많은 공간들과 이벤트, 싱가포르 내셔널 갤러리도 탄생시켰듯이.

내셔널 갤러리는 미술관으로 변화한 지 3년밖에 안 되었지만, 시대별, 작가별, 나라별로 잘 분류하여, 싱가포르는 물론 동남아시아 다른 국가들의 이야기와 색깔을 제대로 보여 주고 있어요. '경험의 이력서'에 이야기를 채

우듯, 이렇게 갤러리 안에 작품들을 모아 놓으니 동남아시아와 싱가포르 역사와 문화에 대한 이해가 편하더라고요. 아직은 긴긴 역사와 혁명을 통해 이루어진 유럽 국가들과는 확실하게 다르게 디테일이 부족하지만 앞으로 계속 채워 나가면 어느 유럽 국가 못지않은 이야기를 가진 나라가 될 거 같아요, 싱가포르는.

이런 부분들을 보면, '스토리'라는 것은 단시일에 만들어지지 않겠어요. 크든 작든, 의미가 있든 없든 오래도록 쌓이면서 만들어지지 않을까요? 저도 조금은 느리더라도 저만의 짧은 에피소드들을 하나씩 천천히 모으고 싶다는 생각이 들었어요. 급하게 한 가지를 하다 보면 무언가를 놓칠 것이 뻔하니까요. 그래도 꾸준히 하나씩 퍼즐을 맞추다 보면 저만의 이야기는 유럽의 박물관 또는 유물들처럼 자연스럽게 생기지 않을까요?

▸ 제니스웡의 초콜릿과 캔디

PART 7

무위의 시간,
여유로운 삶

♥ 엄마 버킷리스트 7.
브런치 문화 탐방

언제부터인가 한국에서도 브런치 열풍이 불기 시작했다. 예전에는 주말이면 늦잠을 잔다는 핑계로 아침을 거르고 이른 점심을 먹는다고 '아점^{아침과 점심}'이라고 불렀다. 그런데 점차 서양식 메뉴를 곁들이면서 '아점'이라는 이 용어가 영어로 '브런치^{Breakfast+Lunch}'가 되고, 그러면서 왠지 성장한 '딸아이와 함께 만들고 싶은 일상' 중 하나가 되었다. 대입 준비로 주말에도 아침 일찍 학원 혹은 봉사 활동 등 어디로든 가야 하는 딸의 모습을 보면서 '언제 즈음 시간에 구애받지 않고 여유롭게 생크림과 블루베리가 가득 올라간 팬케이크와 카페라테를 곁들이며 수다를 떨 수 있을까' 하는 작은 꿈을 키웠다.

브런치?

그런데 대학에 입학하고도 서로의 일상이 바쁘다 보니 '여유 있는 브런치'를 즐긴다는 것이 한국에서는 생각보다 쉽지 않았다. 그래서 '싱가포르에서 즐기는 브런치'가 버킷리스트 중 하나가 된 듯하다. 특히 싱가포르에는 장단기 체류하는 외국인, 즉 엑스팻들이 많다. 그래서 그들을 위한 고급스러우면서도 다양하고 이색적인 브런치들이 제공되고 있다. 진짜 서양인들이 즐기는 브런치 문화와 스타일을 엿볼 수 있는 곳이다. 이런 싱가포르에서 진한 커피 향으로 미처 깨지 못한 잠을 깨우며, 여유롭게 하루를 시작할 수 있는 '브런치'가 딸과 함께 하고 싶은 소확행^{소소하지만 확실한 행복} 중 하나다. 또한 내가 브런치를 하고 싶은 이유 중 하나는 브런치가 미국에서 '어머니의 날^{Mother's Day}'를 기념하기 위해 탄생했다는 점[31]이다. 그날만은 엄마들이 편히 쉬도록 '브런치'가 생겨났다고 하니 '엄마들의 버킷리스트'가 될 충분한 의미가 있다고 생각한다. 이렇게 탄생한 '브런치'를 위해 많은 셰프들이 다양하고 세련된 요리를 선보이기 시작했다.

그중 하나가 델모니코^{Delmonico}가 발명한 '에그 베네딕트^{Egg Benedict}'인데 지금도 독보적인 브런치 메뉴로 자리 잡고 있다.

---

31 린다 시비텔로, 《음식에 담긴 문화, 요리에 담긴 역사》, 394p.

‣ 에그 베네딕트　　　　　　　　　‣ 싱가포르 슬링

또한 이즈음 싱가포르의 대표적인 음료, '싱가포르 슬링'으로 유
명한 래플즈Raffles 호텔에서는 연어와 캐비아 요리로 브런치의 격
Level을 한층 높였다고 한다. 더구나 별도의 즉석 요리대를 마련해
다양하고 맛깔스러운 컬러의 설탕 절임 과일들을 곁들인 푸아그라
프라이까지 제공되었다고 하니 그 명성과 더불어 엄청이나 고급스
러웠을 거 같다. 또한 이때의 브런치는 이른 시간부터 술을 마실 수
있는 핑계(?)를 제공했다. 그래서 미모사Mimosa 32 혹은 미모사 로얄

---

32 미모사(Mimosa): 샴페인과 오렌지 주스 믹스

▼ 즉석 요리대: Folino의 파스타 코너

▼ Folino의 샴페인

Mimosa Royale [33] 과 같은 샴페인을 기본으로 하는 음료들도 탄생하게 되었다. 그래서 지금도 호텔 브런치에 가면 일정 금액을 추가하면 오전부터 샴페인을 맘껏 마실 수 있다. 즉석 요리대 파스타와 무제한의 샴페인은 싱가포르에서 즐기는 브런치 특징 중 하나이다. 반면 이색적인 브런치들도 많아 선택의 폭이 넓다. 칵테일 브런치에서는 디저트용 칵테일을 포함해 수십 가지의 칵테일을 뷔페식으로 계속 마실 수 있다. 칵테일과 어울리는 랍스터와 같은 콜드 씨푸드 등도 제공된다. 주말 혹은 주일 낮부터 삼삼오오 모여 취기 속에 나누는 대화의 시간은 삶의 여유로움을 선물 받은 듯하다. 고소득의 싱가포르 엑스팟들을 위한 브런치 문화는 한국에서 즐기는 것과는 사뭇 다르다.

싱가포르의 브런치

한국에서도 가능한 '브런치'를 굳이 여기 싱가포르에서 즐기고 싶은 또 다른 이유는 '동서양이 어우러진 맛을 보다 더 이국적인 느낌으로 즐길 수' 있기 때문이다. 그리고 해외 유명 셰프나 제빵사들의 레스토랑이나 브런치 카페에서는 진짜 정통Authentic 맛을 볼 수 있다는 점이다. 또한 싱가포르에는 우리나라와 다르게, 다양한 브런치 메뉴와 식사류, 바와 펍을 겸한 곳도 많다. 영국식, 콘티넨털

---

33 미모사 로얄(Mimosa Royale): 미모사에 프랑스산 블랙 라즈베리 리큐르인 샹보르(Chambord) 추가

로버트슨키

식, 벨기에식, 튀니지식, 호주식 외에도 동남아의 독특한 향신료와 허브를 가미한 맛도 브런치 메뉴에서 찾아볼 수 있어 한국과는 색다른 맛이 있다. 예를 들면, 피에스 카페$^{PS\ café}$의 락사^{Laksa}나 샐러드, 와일드 허니$^{Wild\ Honey}$의 튀니지 스타일 샌드위치 등 글로벌한 메뉴를 도전해 보면 좋을 거 같다.

싱가포르 인구의 약 29%[34]는 장·단기 체류 외국인들이다. 그중 금융, IT, 중개 무역 등에 종사하는 고소득 엑스팟들은 동남아시아 부호들과 함께 싱가포르의 럭셔리 문화를 리드하는 그룹이다. 이들을 대상으로 하는 카페, 레스토랑, 호텔 등 다양한 고급 서비스들이 싱가포르에는 많다. 이러한 엑스팟들이 자아내는 서양^{western} 분위기 속에서 브런치를 즐기고 싶다면 호텔의 브런치 이벤트, 혹은 뎀시 힐, 로버트슨키$^{Robertson\ Quay}$의 웬만한 카페로 가면 된다. 싱가포르에 체류하는 외국인들이 많이 모이는 곳이다 보니, 동서양인들이 모두 어울려 이국적인 분위기 속에 빠져 이색적인 브런치를 누릴 수 있다.

반면 주말 점심에만 제공되는 호텔 딤섬 브런치는 싱가포르의 별미 이벤트이다. 실제로 딤섬은 실크로드 전성기 시절에 남중국, 정확히 말하면 광동 지역에서 처음 개발되었다. 그래서 남중국으로부

---

34 Population.Sg, https://www.population.sg/population-trends/people-society: 싱가포르 총 인구 560만 명 중 싱가포르 국적의 시민이 350만 명, 영주권자(PR,Permanent Residents)가 50만 명, 체류 외국인이 160만 명이다.

터 이주해 온 중국인이 많은 싱가포르는 홍콩 다음으로 딤섬의 오
젠틱한 맛을 볼 수 있는 곳이다. '딤섬點心'은 한자 그대로 풀이하자
면 '마음에 점을 찍는다', 즉, '점심點心'이라는 뜻이다. 실제로 점심
에만 먹을 수 있는 메뉴이다. 주말 정오丁午 전후로 '주문 즉시 만들
어 제공되는 수제 딤섬'으로 색다른 브런치를 즐길 수 있는 것도 싱
가포르의 매력이다. 호텔에서 제공되는 수제 딤섬 브런치는 한국만
큼이나 비싸지도 않다. 일반 레스토랑에서 먹는 비용에 20~30%만
더 주면, 호텔 시그니처 딤섬을 비롯하여 10여 가지의 수제 딤섬과
차를 마시며 여유 있는 브런치 타임을 가질 수 있다.

▸ 유명호텔의 시그니처 수제 딤섬들

현지식 커피숍, 코피티암

싱가포르인들은 커피를 사랑한다. 아니 커피도 사랑하지만 '서로 이야기 나누는 것'을 좋아한다. 그래서 싱가포르에는 '커피숍 토크Coffee-shop Talk'라는 표현이 있다. 현지식 커피숍이 많은데, 이 커피숍은 우리가 흔히 생각하는 '스타벅스' 개념과는 매우 다른 형태이자 의미를 갖는다.

처음 싱가포르에 와서 놀라웠던 점은 현지식 커피숍이 많다는 점과 이러한 커피숍이 아침부터 저녁까지 항상 사람들로 가득 찬다는 점이다. 하지만, 노트북이나 책을 들고 혼자 시간을 보내는 사람들은 드물다. 싱가포르 사람들은 커피를 좋아하는지, 아니면 서로 마주 앉아 얘기 나누는 것을 좋아하는지 궁금할 정도로, 마시며 먹으며 얘기를 나눈다. 주로 커피'Coffee'라는 표현 대신 'Kopi'라고 지칭함와 토스트 세트를 즐겨 먹는데, 아침에는 반숙된 달걀도 함께 주문해서 토스트를 찍어 먹기도 한다. 일명, '카야토스트 세트'이다. 오후 3시경, 특히 4시경 이후에는 호텔에서 제공하는 '애프터눈 티'처럼 정찬(?)스럽지는 않지만, 간단한 빵과 커피를 즐기는 사람들이 많다.

싱가포르인들이 즐기는 현지 전통 커피숍을 '코피티암Kopitiam'이라고 부른다. 코피Kopi는 말레이시아어로 '커피'라는 뜻이며 티암Tiam은 호키엔어語로 '가게'라는 뜻이다. 전통이 오래된 독립된 코피티암도 많지만, 최근에는 '토스트박스Toast Box'나 '야쿤 카야토스트Yakun Kaya Toast' 같은 프랜차이즈 형태의 코피티암도 많다. 카야잼과 버터를 바른 토스트를 반숙된 달걀에 찍어 먹는 싱가포르식 아침 식사는 이제 문화적 아이콘이 되었다.

전통적으로 코피티암은 가난한 시절, 동네 사람들이 모여 라디오를 들으며 저렴하면서도 맛있는 음식을 나눌 수 있는 장소였다고 한다. 싱가포르의 특징을 반영하듯 다문화 사람들의 담화 장소였던 것이다. 커피와 토스트 외에 말레이시아 음식인 나시르막Nasi Lemak, 나시고랭, 락사 등 소위 그들의 전통 음식도 판매한다. 온종일 동네 사람들이 먹고 마시며 모일 수 있는 곳으로 서로 다른 문화와 언어를 가졌던 이들을 싱가포르인으로서의 정체성을 형성해 준 장소이다.

▼ 아쿤 카야토스트 본점

▼ 아쿤 카야토스트 프랜차이즈점

▸ 현지식 커피숍, 코피티암

▸ 코피와 카야토스트

▸ 킬리니 코피티암

현지식 커피숍, 코피티암

유명한 프랜차이즈 '야쿤 카야토스트Ya Kun Kaya Toast', '킬리니 코피티암Killiney Kopitiam'의 창업자와 같이, 코피티암은 주로 중국 하이난 출신의 많은 이민자들이 시작했다. 그들은 배고픈 식민지 시절 영국인 가정에서 배운 서양 식문화를 아시아식으로 재해석해서 허기와 외로움을 달랠 수 있는 음식으로 제공했다.

1960년에서 1980년 사이 정부가 제공한 아파트형 공공주택을 HDB라고 부르는데, 정부는 HDB 공급 초기부터 다양한 민족과 문화, 인종들의 융합을 위해, 그리고 여성들의 사회 진출을 보다 도모하기 위해 정책적으로 푸드코트와 코피티암을 공공주택 단지 내에 제공하였다. 현재 우리가 접하는 많은 코피티암들은 '토스트박스'와 같이 대규모 프랜차이즈 업체들이다. 깨끗하고 심플하고 현대적인 인테리어와 시스템이 좋긴 하나, 전통의 그 맛과 분위기, 1세대와 같은 장인의 손맛이 그립긴 하다.

일반적으로 커피를 마시면 4가지 기본 맛인 쓴맛, 단맛, 신맛, 짠맛을 느끼게 된다. 그런데 코피티암 커피 맛은 한마디로 진하면서도 풍부한 달콤함이다. 블랙으로 마셔도 커피가 진하고 맛이 깊다. 지인의 표현에 의하면 커피의 진한 색깔이 마치 '한약' 같다고 한다. 그래서 일반적으로 블랙커피가 아닌 연유Condensed Milk와 설탕을 넣어 마신다. 그래서 진하고 달콤하고 풍부하고 맛이 깊다. 코피티암의 커피를 집에서 즐기고 싶다면, 단연 '부엉이 커피 Owl Kopi'를 구매하면 된다. 한국의 커피믹스와 비슷하지만 그보다는 진하고 깊은 맛이다. 싱가포르 특유의 커피 문화를 반영한 60년 전통의 '부엉이 커피'는 관광객들에게도 인기가 좋다.

트렌디한 브런치 카페 및 레스토랑

분류	상호명	주소
카페형	포티핸즈 (Forty Hands Tiong Bahru)	78 Yong Siak Street, #01-12
	피에스 카페 뎀시힐 (PS café)	28b Harding Road
	오픈팜 커뮤니티 (Open Farm Community)	130 E Minden Rd
	화이트 래빗 (The White Rabbit)	39C Harding Rd
	존스 더 그로서 (Jones The Grocer)	9 Dempsey Rd
	토비스 에스테이트 (Toby's Estate)	8 Rodyk St
	와일드 허니 (Wild Honey Mandarin Gallery)	333A Orchard Rd, #03-01
레스토랑	포리노 (Forlino)	1 Fullerton Rd, One Fullerton #02-06
	코너하우스 (Corner House)	1 Cluny Rd, E J H Corner House Singapore Botanic Gardens
딤섬브런치	지앙난춘 (Jiang-Nan Chun)	190 Orchard Blvd, Four Seasons Hotel
	체리가든 (Cherry Garden)	5 Raffles Ave, Mandarinoriental Hotel
	써머 팰리스 (Summer Palace)	Level 3, 1 Cuscaden Road, Regent Hotel
칵테일 브런치	맨해튼 바 (Manhattan Bar)	Level 2, 1 Cuscaden Road, Regent Hotel

▸ 다양한 브런치 메뉴들

♥ 딸 버킷리스트 7.
디저트 천국, 싱가포르 탐방

대학교 1학년^{2015년} 때 경제학개론 수업을 들었을 때 이야기이다. 제대로 기억은 나진 않지만, 기회비용에 대해 배우고 있었던 것 같다. 우리에게 5,000원이 있는데, 이 돈을 가지고 점심을 먹을지 커피를 마실지 한 가지만 선택을 하라고 교수님께서 질문하셨다. 누구는 '커피'라고 하였고, 누구는 '점심'이라고 했지만, 점심을 선택한 학생들이 더 많았던 것으로 기억한다.

이렇게 불과 3년 전만 해도, 디저트 · 커피보다는 밥을 선호한 친구들이 많았다. 그런데 요즘에는 '디저트는 행복을 추구하는 것'[35]이라며 밥은 굶고 디저트를 먹고자 하는 사람들이 많아졌다. 또한 남

---

35 뉴스1코리아(2018.07.05), http://news1.kr/articles/?3359063

들이 경험하지 못한 이색 디저트를 먹어 봄으로써 사람들과의 대화 거리를 하나 더 늘리고, SNS에 올릴 자랑거리를 하나 더 만들어 낼 수 있기 때문에 많은 젊은이들^{특히 여성}이 디저트를 선호하고 있다. 그리고 디저트와 같은 '작은 사치'를 통해 자기 자신을 위로하고, 바쁘고 지루한 일상에서 탈출해서 소확행을 맛보고자 하는 사람들 또한 디저트 열풍의 주인공들이다.

글로벌 디저트 천국, 싱가포르

싱가포르를 돌아다니다 보면, 점심 후 1시에서 2시 사이에 달콤한 싱가포르 스타일 코피^{Kopi}, 버블티 또는 생과일주스를 갖고 다니는 사람을 많이 볼 수 있다. 그리고 오후 4시가 되면 많은 직장인들이 몰려나와서 케이크 한 조각 또는 빵을 먹으면서 커피 한 잔의 여유를 즐긴다. 그리고 퇴근을 하면서, 저녁때마다 하는 세일 시간에 맞춰서 케이크 2~3조각 골라 사가는 사람들도 만만치 않게 자주 볼 수 있다. 이만큼 싱가포르인들은 달콤한 것들을 좋아한다.

싱가포르는 다양한 인종이 어울려 사는 나라인 만큼, 디저트의 종류도 각양각색이다. 전 세계적으로 알려진 프랑스의 몽블랑^{케익}의 대명사 '안젤리나^{Angelina}'부터 중국, 홍콩인들이 즐겨 먹는 전통 디저트 전문점까지 모두 찾아볼 수 있다. 또한 주변 동남아 국가들의 부호들을 끌어들이기 위해 세계에서 유행하는 카페 또는 디저트 부티크나 숍들을 지속적으로 유치하고 있다. 그래서 싱가포르에는

고급스러운 디저트 카페나 부티크들을 어렵지 않게 찾아볼 수 있다. 더구나 고급 디저트 부티크에서는 달콤한 디저트를 미각으로만 즐기는 것이 아니라, 시각적으로 매우 즐거운 시간을 보낼 수 있게끔 소비자들에게 즐거움을 선사해 주는 곳도 많다.

파리 루브르 박물관에서 '리볼리 거리Rue de Rivoli'를 쭉 따라 올라가면 '안젤리나'라는 몽블랑Mont Blanc이 유명한 살롱드떼Salon de The가 나온다. 이곳은 언제나 사람이 붐비는데 특히 추운 겨울에 몽블랑과 핫초코를 먹으려고 많은 사람들이 기다리는 것을 볼 수 있다. 초콜릿을 녹여 만든 진한 핫초코와 쌉쌀하면서도 달콤한 밤무스로 만든 몽블랑을 함께 먹으면, '달콤함 끝의 쌉쌀함'을 번갈아 느낄 수 있다. 이 유명한 살롱을 마리나베이 더 숍스에서 만나 볼 수 있다. 쇼핑을 하다 지친 관광객들이 재충전의 시간을 가질 수 있는 멋진 곳이다.

오차드에 있는 위즈마 아트리아Wisma Atria, 이세탄Isetan 그리고 다카시마야Takashimaya 백화점이 모두 일본 백화점인 만큼, 지하에 있는 푸드코트만 가도 마차Matcha 또는 생크림으로 만든 일본 본연의 맛의 케이크들을 쉽게 찾을 수 있다. 또한 일본의 럭셔리 디저트 부티크인 앙리 샤르팡티에Henri Charpentier도 싱가포르에서 만날 수 있다. 1969년 고베에서 탄생한 일본 토종 브랜드로, 이름은 '크레페 수제트Crepe Suzette'를 처음 고안한 19세기 프랑스 요리사에서 유래했다고 하는데, 생크림 및 치즈로 만든 롤케이크 등을 즐길 수 있다.

동남아시아에 위치해 있는 싱가포르인만큼, 한국에서 찾아보기 힘든 재료들로 만든 디저트들도 많다. 예를 들자면, 두리안 또는 포멜로 같은 열대과일을 이용한 싱가포르식 빙수인 까창 또는 첸돌, 또는 입안에서 톡톡 튀는 사고^{Sago}로 만든 망고사고 푸딩도 싱가포르에서 찾을 수 있는 별미이다. 이런 디저트들은 현지 디저트숍이 아니더라도 호커센터에서 항상 찾을 수 있는 국민 디저트들이다. 그래도 정식으로 이런 디저트들을 먹어 보고 싶다면, 홍콩 체인점 '아츄$^{Ah\ Chew}$'를 가 보는 것을 추천한다. 이곳에선, 위에 언급한 디저트들 이외에 계란 또는 우유로 만든 스팀 밀크 푸딩, 버블티에 들어가는 그라스 젤리$^{Grass\ Jelly}$로 만든 푸딩 등 처음 접하는 디저트들이 많다.

.

› 현지식 각종 디저트

디저트 퍼포먼스

경험을 중시하는 소비자들의 마음을 사로잡기 위해 맛 이외에도 퍼포먼스, 디자인, 인테리어 등 시각적으로 자극을 주는 디저트 카페들이 많아진다. 그래서 싱가포르에는 더 많은 세계 각국에 있는 고급 체인 카페들도 늘어나고 있으며, 오직 디저트로 승부를 보겠다는 카페들도 속속 생겨나고 있는 것 같다. 이런 곳에서는 달콤한 디저트를 미각으로만 즐기는 것이 아니라, 시각적으로 매우 즐거운 시간을 보낼 수 있게끔 한다. 예를 들면, 상하이에서 시작된 멜로어 커피점Mellower Coffee은 처음으로 해외, 즉 싱가포르에 체인점을 냈다. 아기자기한 브런치 카페들이 몰려 있는 부기스에 플래그십 매장이 있다. 이곳에서는 그들의 시그니처 아이템인 '스위트 리틀 레인Sweet Little Rain'이라는 커피와 함께 '온데라테Ondeh Latte'를 먹어 보아야 한다. '스위트 리틀 레인'은 아메리카노와 함께 솜사탕을 함께 제공해 준다. 무언가 어울리지 않은 두 가지로 재미있는 쇼를 선사한다. 지지대에 매달린 솜사탕은 아메리카노에서 올라오는 더운 열기로 인해 조금씩 아래로 녹아들면서 고객들에게 재미있는 볼거리를 제공해 준다. 또한 '온데라테'는 이 플래그십 스토어를 위해 만든 음료인 만큼 다른 곳에서 먹을 수 없는 커피이다. 이 커피에는 코코넛 밀크, 판단 에센스, 그리고 코코넛 팜에서 나오는 설탕인 '굴라멜라카Gula Melaka'를 섞은 것과 에스프레소를 함께 준다. 재료만 보아도, 싱가포르와 동남아시아에서만 구할 수 있는 재료들을 혼합해서 만든 커피인 것을 알 수 있다.

▼ 스위트 리틀 레인

▼ 몬테라테

싱가포르 디저트 아티스트, 제니스 웡(Janice Wong)

　세계 각국의 유명 디저트 브랜드 숍 유치에 심혈을 기울여오던 싱가포르도 이제는 자신만의 트레이드 마크를 만들고 해외로 전파하는 역할을 한다. 그 대표적인 예가 싱가포르 디저트 아티스트 제니스 웡의 '투에이엠 디저트 바²AM Dessert Bar'이다. 일본 동경은 물론 마카오에도 론칭되어 있는 '투에이엠 디저트 바'는 디저트의 개념을 180도 바꾸어 놓았다. 디저트라고 하면 식사 메인 코스 후 마지막을 장식하는 개념으로 인식되어 있는데, 이곳에서는 디저트가 주主가 된다. 이 바에서는 예술 작품처럼 창조된 디저트와 이에 어울리는 각종 칵테일과 와인을 페어링Pairing하여 제공한다. 그리고 플레이트 위에 장식된 재료들 모두 하나하나의 의미를 담고 맛의 철학이 들어가 있다. 예를 들자면, 메뉴 중 그들의 시그니처 메뉴인 'Chocolate H20'은 얼린 다크 초콜릿이 메인으로, 위에 짭조름한 캐러멜 소스를 듬뿍 뿌리고, 유자 소르베와 세팅한 후 유자소스를 흩뿌려 데코레이션을 마무리한다. 이 세 가지 재료의 조합은 언뜻 보면 특별하지 않게 보일 수 있다. 하지만 한입만 먹어 보아도 세 가지 조합이 얼마나 잘 어우러지는지 알 수 있다. 다크 초콜릿 위의 캐러멜은 단맛을 한 단계 올려 준다. 반면 유자 소르베는 입에서 달콤함을 한번 상큼하게 씻겨 주는 맛이라서 '디저트와 커피'라는 고정관념을 깨는 환상의 궁합을 느낄 수 있다.

▼ chocolate H2O

▼ 제니스 황의 '툴에이엄 디저트 바'

또한 제니스 윙은 '커피와 디저트'라는 궁합의 개념을 깨고 '디저트와 리큐어Liquor'라는 새로운 개념을 선사했다. 각 디저트의 맛에 따라 그에 어울리는 술을 함께 마시는 것을 권장한다. 특히 또 하나의 시그니처 메뉴인 '카시스 플럼Cassis Plum'이라는 디저트와 함께 '우메슈 엘더플라워Umeshu Elderflower'라는 칵테일을 함께 마시면 환상의 조합이라는 것을 알 수 있다. 시큼하면서 달콤한 카시스 플럼 한 입을 먹은 후 진하게 달콤한 우메슈 엘더플라워 칵테일을 마시면, 이 술이 디저트의 시큼함을 눌러 주는 느낌을 받는다.

처음에는 다양한 나라의 디저트들을 끌어들이고, 그들의 기술을 배우면서 시작을 하였지만, 이제 싱가포르는 자신만의 디저트 왕국을 만들어 나가려고 한다. 제니스 윙에 대한 싱가포르의 홍보와 자부심이 대단하다.

상호명	특징	주소
투에이엠 디저트 바 (2am : Dessert Bar by Janice Wong)	싱가포르 출신의 디저트 아티스트의 바(bar). 디저트를 아트 수준으로 승화시켜 페어링으로 마실 리큐어와 제공. 도쿄와 마카오에도 지점이 있음	21A Lorong Liput, Holland Village
제니스 웡 (Janice Wong)	아트 수준의 디자인. 컬러의 초콜릿과 캔디 인기	Paragon, 290 Orchard Rd
안젤리나 (Angelina)	몽블랑(Mont Blanc)이 유명한 프랑스 살롱드떼 (Salon de The)	2 Bayfront Avenue, Canal Level, #B2-89/89A, Marina Bay Sands
멜로어 커피점 (Mellower Coffee)	중국 상하이에서 시작된 스페셜티 커피 전문점. 시그니처 메뉴는 '스위트 리틀 레인(Sweet Little Rain)'	108 Middle Rd
앙리 샤르팡티에 (Henri Charpentier)	일본의 럭셔리 디저트 부티크로 치즈롤케이크와 피낭시에(Financier) 유명	181 Orchard Rd, #01-18, Orchard Central
레이디 엠 (Lady M)	뉴욕 인기 케익 부티크. 높이가 9cm나 되는 크레페 케이크가 레이디 엠의 시그니처	181 Orchard Rd, #01-27, Orchard Central

[줌인(Zoom-In) 싱가포르] **디저트 전문점 및 카페**

상호명	특징	주소
워플리 초콜릿 (Awfully Chocolate)	싱가포르 초콜릿 디저트 브랜드로 중국에도 체인점 론칭, 시그니처 초콜릿 케익이 유명	Vivocity, #01-156,1 Harbour Front Walk
75 아볼링 피넛 스프 (75 Ah Balling Peanut Soup)	열대과일을 재료로 하는 현지식 디저트. 대표 메뉴: 망고 포멜로(Mango Pomelo) 나 사고망고(Sago Mango)	#01-75 Golden Mile Food Centre, 505 Beach Rd
아추 디저트 (Ah Chew Desserts)	홍콩, 광동 스타일의 디저트 전문점으로 50가지가 넘는 메뉴 대표 메뉴: 밀크 스팀에그(Milk Steam Egg), 망고사고(Mango Sago)	1 Liang Seah Street, 11 Liang Seah Place, #01-10
메이홍위엔(味香園) (Mei Heong Yuen Desserts)	현지 정통 디저트 브랜드 망고 빙수, 깨 빙수	67 Temple St
쯔찌리 (Tsujiri)	일본에서 유명한 100년 전통의 말차, 호지차 브랜드, 말차로 만든 소프트아이스크림과 롤케이크 유명	176 Orchard Rd, The Centerpoint

사랑하는 지원아~

　엄마에게 '브런치'라는 단어는 '여유로움, 의무감에서의 탈피, 잠에서 덜 깬 몽롱한 멍때림을 허락하는 시간, 커피 향의 행복'이란다. 지금껏 살면서 '여유로움, 아주 짧은 일탈의 시간'이 왜 그리 갖기 힘들었는지 모르겠다. 일 분 일 초라도 계획된 삶을 살아야 한다는 압박은 서로에게 의무감만을 강요하는 삶이었던 거 같구나. 너의 대학 합격 발표 후, 우리 가족 모두는 무위도식無爲徒食하는 시간을 가질 수 있었지. 모두 모여 거실에서 TV 드라마를 보며 웃고 눈물짓는 순간에 깨달았단다. 이런 것이 여유로움이 주는 행복이라고. 초등학교 시절부터 TV 앞에 함께 앉는다는 것은 그 자체로도 스트레스였으니까…. 여유롭지 못한 마음 때문에 허심탄회하게 얘기를 나누지 못했다는 생각이 들어. 어린 시절, 엄마에게 많은 수다를 떨고 싶었을 텐데. 지금의 여유로움이 주는 편안함은 서로의 관계를 급진전시키고 있구나…. 함께 하는 시간과 공간, 스토리를 쌓아 가자. 미래에도 같이 얘기할 수 있는 공감대를 위해서.

　테드TED 강연자 중 '데릭 시버스'는 매사에 전력투구를 하며 사는 스타일

이라 해변에서 자전거를 타더라도 매번 기록 단축에만 관심을 가졌다는구
나. 그런데 어느 날 해변을 달리며 하늘과 바다와 주변의 다양한 풍경을 보
게 되어 조금 더 여유 있게 자전거를 달렸더니 목표 기록보다 겨우 2분이 더
소요되었다고 해. 결국 속도에만 치우치다 보면 주변의 많은 것을 모르고
지나칠 수 있고, 그만큼 삶이 팍팍해지지 않을까? 어차피 인생은 마라톤이
니 조금은 여유 있게, 쉼표도 찍어 가면서 삶을 돌아보며 나아가자.

엄마~

　사실 저는 이 편지를 읽으면서, '삶의 여유를 갖자'는 말에 아직은 공감하기 어려웠어요.

　전에도 말씀드렸듯이 '엄마는 다 끝나서' 부러워요. 졸업, 결혼, 취업과 재취업, 20년의 직장 생활, 유학, 지금의 박사 과정. 원하시는 대로 다 마치신 거 같아요. 그런데 저는 아직 학생이고 취업이라는 허들을 넘고, 새로운 사회생활을 해야 하니까요. 물론 엄마도 그 모든 과정을 겪고 그 바탕으로 편지를 썼다고 생각해요.

　어린 시절에 항상 꼭두새벽에 나가서 밤늦게 들어오고, 회사 일 때문에 자주 울던 엄마를 보면서 왠지 모르게 짠했어요. 그래도 꾸준히 20년 가까이 일하신 엄마를 보면서 항상 존경스럽다는 생각도 하고 나도 엄마처럼 '멋진 커리어 우먼'이 되고 싶어요. 다행히 그 시간 속에서 엄마도 '마음의 여유'를 찾아가는 방법을 배우신 거 같기도 하고요.

　싱가포르에서 비자 문제로 인턴 취업이 무산되고 복학도 어려워진 상황에서 갑자기 저에게 주어진 시간에 많이 당황하며 불안해했던 거 같아요.

한마디로 '무위無爲의 시간'이 날 많이 당황하게 했어요. 항상 앞만 보고 달려서 뒤를 돌아보거나 나를 찬찬히 살펴볼 시간이 없었는데, 저에게 주어진 '무위의 시간'은 채우는 것에만 급급했던 저에게 비우고 망각하고 그래서 다시 채울 수 있는 시간이었어요. 그래서 실제로는 '삶의 여유'를 가지긴 어려워도, 그것이 얼마나 필요하며, 그러한 노력을 해야 한다는 것을 느낄 수 있었던 갭이어Gap year였어요, 싱가포르의 생활이.

그래도 저는 엄마처럼 아침 일찍 나가서 밤늦게 들어오는 생활은 하고 싶지 않아요. 한마디로, 소위 요즘음 유행하는 '워라밸Work-Life Balance'의 삶을 살고 싶어요. 일에 치여서 제가 하고 싶은 취미 생활을 미뤄 가면서 살고 싶진 않고, 자주는 아니라도 가끔 싱가포르인들이 4시에 나와서 커피 타임을 하듯이 디저트 같은 달콤한 여유를 저에게 선물해 가면서 소소한 행복을 누리고 싶네요.

▶ 인도네시아 라구나 빈탄 골프 클럽

PART 8

이방인의 삶

♥
엄마 버킷리스트 8.
인도네시아 빈탄에서 골프 치기
― 싱가포르 주변 국가 탐방 ―

딸을 키우며 아직도 눈에 선한 장면들이 몇 가지 있다. 그 중 하나가 혼자 자전거를 타는 순간이다. 자식을 키우다 보면 '스스로 잘 해낼 수 있을까?'하는 몇 가지 과정들이 있는데 혼자 자전거 타는 순간도 포함된다. 넘어지지 않도록 붙잡고 있던 엄마 아빠의 손이 놓인 순간과 바로 앞으로 계속 나아가는 모습이 아직도 생생한 것을 보면 '무척이나 기특하고 기뻤기 때문이 아닐까' 한다. 누군가의 도움 없이 혼자 스키를 타며 아래로 질주하는 순간도 눈에 선하다. 자식이 기대보다 잘 해낸 순간이 인생의 중요한 한 장면이 되었다. 그런데 골프를 배우는 것도 기대 이상으로 잘 해주어 고맙기까지 하다. 딸과 함께 푸르른 넓은 잔디를 함께 거닐며 여유롭게 골프를 즐겨 보고 싶었는데, 레슨과 몇 번의 연습을 통해 필드에 나갈 실력이 되니 이것 또한 기쁜 순간이었다. 더구나 골프는 부모가 가르칠 수 있는 몇 가지 운동 중 마지막이라는 생각에 부담감(?)도 던 안도감 같기도 하다.

골프 게임=인생?

함께 골프를 치고 싶은 이유는 골프를 통해 '인생'에 대해 이야기해 줄 수 있기 때문이다. 마치 인생 여정과 같은 골프를 통해 내가 삶 속에서 느껴 온 '살아가는 지혜'를 알려 주고 싶었다. 사실 골프를 시작한 지는 나름 오래되었지만, 이제야 골프가 편안한 맘으로 대할 수 있는 운동이 되었다. 골프는 소위 '멘탈 게임'이라고 한다. 남의 행동과 말, 주위 환경과 경기 여건에 흔들리지 않고 자신만의 단단한 버팀력?이 있어야 하는 운동이기 때문이다. 자신보다는 남의 기준에 맞추어 사는 것이 익숙했던 나의 경우는 골프라는 운동이 너무 힘들었다. 함께 라운딩하는 사람들 앞에서 '첫 드라이브 샷'을 날려야 하는 것도 항상 부담이 되었다. 멋지게 잘 해내야 한다는 생각 때문에. 그런데 골프가 참 얄궂은 운동이라 그런 부담감이나 욕심이 드는 순간 모든 걸 망쳐 버리기 쉽다. 주위에 있는 것을 의식하지 말고 탄탄히 쌓은 나의 연습량만을 믿으며 겸손한 맘으로 공을 쳐야 잘 나가기 때문이다. 골프를 통해 배운 이러한 나의 생각들을 함께 운동하며 딸아이에게 얘기해 주고 싶었다.

골프를 처음 배울 때는 3개월 연속 연습장에서 매일 3시간씩 연습을 하고, 그 후 3개월 연속으로 거의 매일 오전·오후 총 36홀을 돌며 빠른 시간에 마스터하려고 했었다. 곧 대학원 학기가 시작되니 그 전에 마무리하려고 했다. 수영이나 스케이트, 스키 등 다른 운동처럼 단기간에 집중적으로 연습을 하면 골프를 마스터할 수 있으리라 생각했었다. 어느 순간까지는 가능했다. 공도 뜨고 멀리도 날아가고…. 그런데 어느 순간부터 내 맘대로 되지 않게 되었다. 실력도 전혀 늘지 않을 뿐 아니라, 오히려 연습을 하면 할수록 완전히 망가지게 되었다. 흥미를 잃을 뿐 아니라, 연습량에 비례해서 더 이상 늘지 않는 실력에 화도 많이 나고 좌절도 했다. 그런데 나중에 알게 되었다. 그때 나는 골프를 마스터하겠다는 자만과 오만에 빠졌고 그러한 생각은 오히려 평정심을 잃게 해서 악순환의 고리에 들게 했던 것이다. 골프는 맘이 너무 앞서면 안 되는 운동이다. 배운 것을 되새기며 한 타 한 타 정성스럽게 정확하게 10번의 스윙 연습을 하는 것이 거만한 태도로 욕심부리며 서둘러 100번을 하는 것보다 훨씬 나은 결과를 낳는다.

골프는 참 신기한 운동이라 생각된다. 내가 보내야 하는 목표 지점을 명확히 한 후 공을 치는 경우는 그렇지 않은 경우의 결과와는 매우 다르기 때문이다. 실제로 공을 치는 순간에는 공에만 집중하느라 목표지점을 보고 치는 것도 아닌데. 단지 내가 갈 곳이 어느 지점이라는 것을 맘에 새기고 공을 쳤는데도 공은 원하는 방향과 지점에 가있다. 꼭 인생 같다는 생각이 든다. 살아가면서 내가 가야 할 지향점이 있는 것과 아닌 것의 차이와 같았다. 나름 나아갈 방향과 목표가 있으면 어떻게든 그곳에 닿을 수 있으니 우리 딸아이도 그러한 이상과 목표目標를 만들며 걸어가면 좋겠다. 또 '골프가 인생 같다'는 생각이 드는 부분은 한 홀Hall에 주어지는 모든 샷이 완벽하게 구현되는 경우, 그래서 내가 원하는 타수가 나오는 경우가 생각보다 쉽지 않다는 점이다. 드라이브 샷이 멋지게 멀리 나가 주었는데, 그린Green에서 여러 번의 퍼팅Putting을 해서 망쳐 버리는 경우도 있고, 반대로 드라이브는 엉망으로 쳤는데 의외로 한 번의 퍼팅으로 목표 타수를 달성하는 순간도 있다. 물론 드라이브 샷이 나의 목표에 많이 못 미쳐도 실망하지 않고 다음의 샷을 하나하나 잘 마무리하는 경우겠지만. 이렇듯 우리의 삶도 모든 것이 완벽하게 조화롭기는 어려운 거 같다. 생각 외로 잘 되는 거 같은데, 예상하지 못한 문제가 발생할 수도 있고, 반대로 막막하기만 한, 숨 막힌 상황이라도 어느 순간 그 장애물이 없어지는 경우도 있으니까. '인생은 동굴이 아니라 터널이다'라고 생각하며 어려운 순간에도 묵묵히 걸어갈 수 있었으면 좋겠다, 내 사랑하는 딸이.

싱가포르 주변 국가

싱가포르는 말레이 반도의 끝, 적도 근처에 있는 도시 국가이다. 이 반도를 타고 올라가면 말레이시아, 태국, 베트남으로 이어진다. 더구나 해협을 사이에 두고 말레이시아와 인접해 있어, 도심에서 1시간 정도면 말레이시아 남부의 조호바루Johor Bahru에 갈 수 있다. 남북이 분단된 우리나라 현실로 보면, 비행기가 아닌 대중교통과 도보를 이용하여 다른 나라를 간다는 것이 신기할 뿐이다. 더구나 국경선만 넘으면 싱가포르보다 30~50% 이상 저렴한 물가는 쇼핑의 맛을 더하고 마음을 가볍게 만들어 준다.

마리나베이에서 남쪽 바다를 바라보면 인도네시아의 리아우 군도들을 작게나마 육안으로 볼 수 있다. 그 곳에 빈탄 섬Bitan island과 바탐 섬Batam island이 있다. 싱가포르에서 1시간 내외로 배로 도착할 수 있는 그 곳들은 휴양과 쇼핑, 골프, 해양 스포츠를 즐길 수 있는 동남아 유명 휴양지들이다. 싱가포르의 도시적(?) 관광이 조금은 지루하다면 하루 이틀 자연 속에 푸욱 빠져보는 동남아 휴양지 여행도 쉽게 할 수 있다. 인도네시아의 바탐과 빈탄 섬에서는 여행 경비의 가격적 부담도 줄일 수 있다.

싱가포르 내에도 몇몇 유명한 골프장이 있긴 하지만 국경을 넘어 한 시간 내외로 이동하면 한국이나 싱가포르에 비해 매우 저렴한 가격으로 골프를 즐길 수 있다. 인도네시아 빈탄 섬, 바탐 섬, 말레이시아 조호바루 등이다. 빈탄 섬은 싱가포르에서 약 40km 떨어진 해변 휴양지로 3,200여 개의 섬이 모여 있는 리아우 군도 최대의 섬이다. 배를 타고 1시간만 가면, 싱가포르와는 다른 동남아 자연의 정취를 느낄 수 있어 싱가포르 현지인들은 물론 전 세계 여행자들의 방문이 끊이지 않는다. 싱가포르 공항에서 내려

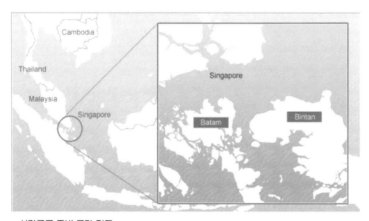

‣ 싱가포르 주변 국가 지도

바로 배를 타고 이동하는 사람들도 많다. 더구나 빈탄 섬에는 한국에서도 유명한 잭 니클라우스, 그렉 노만, 이안 베이크핀치, 게리 프레이어와 같은 유명 골프 선수들이 설계한 환상적인 골프 코스가 있다. 특히 리아빈탄Ria Bintan 골프 클럽은 게리 플레이어가 설계한 것으로 바다를 끼고 우수한 경관과 함께 즐길 수 있어 많은 이들의 사랑을 받는 곳이다.

이곳은 벼랑 끝의 고목들과 바다가 보이는 해변으로 둘러싸여 있고, 각각의 18개 코스는 서로 다른 세상을 보여 준다. 특히 7, 8, 9홀은 리아빈탄의 시그니처 홀로 웅장한 자연 경관과 거센 바닷바람에 취해 제대로 샷을 날리기가 어렵다. 특히 9홀에서는 바다를 가로질러 티샷을 날려야하기 때문에 아름다운 경관에 감탄만 할 수도 없다. 빈탄 섬은 골프장 외에도 다양한 럭셔리 리조트들도 많고 향후 공항 설립과 함께 더 많은 리조트 인프라를 확장하여 제2의 발리Bali를 꿈꾸고 있다.

바탐 섬도 인도네시아 리아우 군도 중 하나이며, 싱가포르 도심으로부터 약 20km 거리라서 배를 타면 약 30~40분 정도 걸린다. 많은 싱가포리언들이 금요일 밤에 바탐 섬으로 이동해 골프를 치고 여가를 즐긴 뒤 일요일 오후에 싱가포르로 돌아온다. 휴양 리조트보다는 해산물을 먹거나 쇼핑, 관광 등을 하러 당일치기 여행을 가는 사람들도 많다. 그래서 어느 책[36]에 의하면 바탐 섬에는 싱가포리안의 현지 애인이 많이 살고 있다고 한다. 특히 싱가포르 여성과 바탐 내연남의 사건으로 싱가포르가

---

36 이순미, 《싱가포르 유리벽 안에서 행복한 나라》, 2018. p122.

‣ 리아 빈탄 바닷가 골프 코스 전경

떠들썩했던 적이 있었다고 한다. 이렇듯 답답하고 지루한 싱가포르 생활에서 탈출할 수 있는 그런 곳, 바로 바탐 섬이다.

대표적인 골프 클럽으로는 팜스프링, 사우스링크, 테링베이 등이 있다. 바닷가를 낀 경치와 전망 좋은 코스, 열대 야자수가 어우러진 이국적인 정취로 인해 조금은 덥겠지만 즐겁기만 하다. 테링베이 컨트리클럽 코스는 유명한 프로 골퍼, 그레그 노먼이 디자인해서 더 특별하다. 팜스프링 컨트리 클럽도 인기가 매우 좋은 편이다. 골프를 마친 후 클럽 주변의 신선한 해산물 요리를 저렴하게 즐기는 것도 바탐 섬의 매력을 한층 높여 준다.

말레이시아 조호바루는 '새로운 조호'라는 뜻으로 싱가포르에서 대중교통을 이용해 1시간이면 갈 수 있는 곳이다. 조호 해협을 두고 싱가포르와 다리로 연결되어 있어, 하루에도 4만 명의 조호바루 주민들이 싱가포르로 출퇴근하고 있다. 상대적으로 저렴한 물가 때문에 싱가포르 주민들도 조호바루로 쇼핑과 스파, 네일, 그리고 골프 여행 등을 즐기러 간다. 버스를 이용할 수도 있고 하루 S$160이면 말레이시아 택시가 집 앞까지 왕복 픽업 서비스를 해준다. 이곳이 최근 한국 골퍼들에게 인기가 좋다. 겨울에 짧게는 1주일에서 길게는 한 달씩 골프 여행을 위해 많은 한국인들이 방문한다.

싱가포르 사람 중에는 '폐쇄 공포'를 느끼는 경우도 있다고 한다. 서울보다 훨씬 작은 도시에서 연중 똑같은 날씨와 기후로 일상을 지루하게 느끼는 것이다. 그래서 가끔은 일상 탈출이 꼭 필요한 나라가 싱가포르이다. 역시나 싱가포르는 30분에서 1시간 이내로 도심 탈출을 시도할 수 있도록 인프라도 잘 갖추어 놓았다.

[줌인(Zoom-In) 싱가포르] **싱가포르 인근 국가 골프장**

지역	골프장	비고
인도네시아 빈탄 섬 (Bintan Island)	리아 빈탄 골프 클럽 (Ria Bintan Golf Club)	게리 플레이어가 설계
	라구나 빈탄 골프 클럽 (Laguna Bintan Golf Club in Anasana Resort&Spa)	그렉 노만이 설계
인도네시아 바탐섬 (Batam Island)	팜 스프링 골프&비치 리조트 (Palm Springs Golf&Beach Resort)	
	테링베이 골프&컨트리 클럽 (Terring Bay Golf&Country Club)	그렉 노만이 설계
	사우스링크 컨트리 클럽 (Southlinks Country Club)	
말레이시아 조호바루 (Johor Bahru)	팜리조트 골프&컨트리 클럽 (Palm Resort Golf&Country Club)	
	푸라이 스프링 리조트 (Pulai Spring Resort)	

딸 버킷리스트 8.
다국적 기업 브랜드 아이템 쇼핑하기

페이스북에서 이런 글을 본 적이 있다. "'여행이 행복한 이유'를 알려면 여행하는 동안의 가계부를 보라. 한 달간의 유럽 여행 경비가 500만 원이 소요되었다. 만약 이 돈을 한국에서 사용했다면 유럽 여행 때와 같이 행복하지 않았을까?" 처음에는 이 말이 너무나 터무니없다는 생각이 들었다. 하지만 여러 번 곱씹어 생각해 보니, 한국에서 가장 좋은 호텔에서 자고, 먹고 싶은 것 먹고, 사고 싶은 것 산다면 여행 갔을 때와 똑같이 행복할 수 있으리라 일부 공감도 했다. 하지만 사람들은 여행할 때 더 큰 행복을 느낄 것 같다. 일상생활의 장소와 공간에서 멀리 탈출해서 보다 편한 마음으로 쓰고 싶은 만큼 자신에게 투자할 수 있기 때문이다. 지금까지 고생한 자신에게 '여행'이라는 수단으로 죄의식 없는 '자기 보상'을 할 수 있을 뿐 아니라, 여행하는 기간만큼은 돈에 대한 걱정, 일에 대한 고민, 시간에 쫓긴다는 근심을 안 할 수 있기 때문에 더 행복할 것 같다. 이때 나에게 할 수 있는 '자기 보상' 중 하나는 '쇼핑'이다. 나라마다 시그니처 아이템들이 있고, 상대적으로 한국보다 저렴하기 때문에 최근 해외여행을 하는 사람들 사이에는 나라마다 쇼핑리스트, 즉 득템[획득^{獲得}+아이템^{Item}] 리스트가 많아지고 있다. 운 좋으면 한국에서의 반값 또는 20~30% 더 싸게 살 수 있기 때문에 이런 해외 쇼핑리스트가 여행객 사이에서 유행이다.

글로벌 쇼핑 천국

싱가포르는 쇼핑 천국이다. 럭셔리 브랜드 매장들은 물론 각국의 유명 유통 브랜드들도 쉽게 찾아볼 수 있다. 또한 세계 각국의 다양한 인종과 민족들이 모여 있는 만큼 전 세계 인기 아이템들도 가득하다. 일본 식료품 및 잡화는 물론 호주, 뉴질랜드, 북아메리카, 유럽, 중동 및 인도 제품들도 대형 유통 전문점들을 통해 만날 수 있다.

특히 싱가포르에서는 일본에 가야 살 수 있는 많은 아이템들을 구입할 수 있다. 일본의 21세기 만물상 '돈키호테'가 '돈돈돈키^{Don} $^{Don Donki}$'의 이름으로 싱가포르에 진출해 있다. 그 외에도 도큐핸즈$^{Tokyo Hands}$, 메이디야^{Meidiya} 슈퍼마켓, 이세탄^{Isetan} 그리고 다카시마야 백화점 등 일본 유수의 유통 브랜드들이 가득하다. 실제로 오차드 거리의 절반은 일본 유통들의 거리라고 할 수 있다. 이세탄 백화점

262

부터 오차드 센트럴^{Orchard Central}까지 이어지는 거리의 모든 건물에는 일본 유통 브랜드들과 유명 일본 브랜드들의 플래그십 스토어가 자리 잡고 있다. 그래서 일본 라면, 돈부리, 스시, 샤브 전문점 외에도 각종 생필품과 식재료, 의류 등을 손쉽게 구할 수 있다.

일본에 가면 필수 코스 중 하나로 들렀던 돈키호테^{이하 '돈키'}의 쇼핑 재미는 싱가포르에서도 쏠쏠하다. 특히 식품만 파는 슈퍼마켓 코너에서 일본 과일^{멜론이나 포도, 복숭아}도 맛보면 좋다. '돈키'답게 가격 파괴 전략이 싱가포르에서도 펼쳐지고 있어, 싱가포르 여느 일본 백화점들보다 50% 이상 저렴하면서도 품질은 거의 같다. 이곳에서 각종 일본 과자, 라면, 초콜릿, 홋카이도에서 직접 수입하는 고기, 생선, 각종 소스, 간장 등 한국에서 구하기 힘든 제품들을 싸게 팔고 있어 주요 득템리스트들이 많다. 또한 타이밍만 맞는다면 긴 줄의 군고구마도 먹어 보면 좋을 듯하다. 쇼핑하는 내내 건물 전체로 퍼진 군고구마 냄새로 인해, 일본 고구마는 여행 중 출출함을 달랜 정말 피할 수 없는 '돈키'의 아이템이다.

'돈키'는 각종 생활용품과 화장품, 의약품, 식품 등에 이르기까지 다양한 상품을 '테트리스'처럼 진열대에 꽉 채운 압축 진열 방식으로 전시해 놓았다. 어떻게 보면, 무질서해 보일 수 있지만, 대충 시간 때우려는 손님의 발을 붙잡기 위한 전략이다. 방문자들이 매장을 도는 사이에 자기도 모르게 상품을 이것저것 쓸어 담는 방식이 그들의 전략이기 때문에, 여행 마지막 날에 공항 가기 전 즐겁게 시간을 때운다는 생각으로 가면 좋은 것 같다.

리틀인디아에 있는 잡화점 무스타파Mustafa는 귀금속부터 계란까지, 그리고 중동 아랍 지역과 동남아시아, 유럽에서부터 수입한 모든 식료품들로 가득할 뿐 아니라 저렴하게 판매하고 있다. 전 세계에서 들어오는 제품을 싼 가격으로 살 수 있는 무스타파도 싱가포르에 오면 꼭 가야 하는 코스가 되어 버렸다. 무스타파 센터의 전신은 1971년 캠프벨 레인Campbell Lane이 설립한 작은 의류 판매점이었다고 한다. 의류 판매가 승승장구하면서 1995년 지금의 무스타파 센터가 설립되었고 현재는 6층 높이에 30만 종류 이상의 아이템을 보유하고 있는 최고의 쇼핑 공간으로 변신하였다. 1층의 명품 브랜드 시계, 귀금속, 액세서리부터 시작하여 중동, 미국, 유럽, 동남아시아 등에서 오는 각종 아이템과 식재료들은 서로 어울리지 않지만, 나름 풍성한 아이템들과 저렴한 가격으로 많은 사람들이 찾는다. 특히 가격은 싱가포르에 있는 다른 가게들의 1/3 또는 2/3 가격이기 때문에, 싱가포르 떠나기 전날에 대량으로 사가는 사람들이 많다.

싱가포르에는 많은 외국인이 체류하는 만큼 서양인들을 위한 특화된 마켓도 어렵지 않게 찾을 수 있다. 아시아 나라 중 가장 서양인들이 선호하는 나라가 싱가포르인만큼, 그들을 위한 생활 인프라

탱린몰의 편집숍

도 잘 되어 있다. 어떻게 보면 그들만의 프라이빗한 공간을 따로 마련해 놓은 것이다.

그 중 대표적인 예가 탱린몰Tanglin Mall 이다. 탱린몰은 2018년 싱가포르 북미정상회담으로 유명해진 세인트레지스St. Regis 호텔 옆에 있는 쇼핑몰이다. 위치도 관광객들이 많이 가는 곳들과 동떨어져 있으며, 주택가이기 때문에 근처로 가면 다소 조용하다는 생각이 들 수 있다. 보태닉 가든 주변으로 해서 이 근처에는 서양인들이 많이 살고 있다. 그리고 그들이 자주 찾는 쇼핑몰이 '탱린몰'이다. 탱린몰에 들어가면, 오차드에 있는 쇼핑센터처럼 명품 혹은 SPA 브랜드 숍보다는 서양인들 맞춤형 라이프스타일숍들이 많다. 서양인들이 많이 입는 롱 원피스, 큼직한 액세서리 또는 독특한 디자인의 인테리어 편집숍들을 찾아볼 수 있다. 식당들도 마찬가지다. 신선한 재료들로 만든 샐러드, 파니니, 파스타 등을 파는 브런치 카페, 프랑스에서 자주 볼 수 있는 빵집 체인점 Paul, 이탈리안 젤라토 가게 등을 발견할 수 있다.

서양식으로 한 끼를 먹고 아이쇼핑한 후 지하 1층에 내려와 보면, 마켓 플레이스Market Place 라는 서양인, 즉 싱가포르에 거주하는 유럽 혹은 북아메리카 외국인들이 자주 장을 보는 슈퍼마켓이 있다. 이 슈퍼마켓은 고메Gourmet 식품이나 프리미엄 제품 위주로 엄선해서 판매한다. 한번 둘러보면, 서양인들이 자주 찾는 식재료들이라는 느낌이 든다. 가공식품은 대부분 미국에서 들여온 제품들이 많

▸ 마켓 플레이스

지만, 델리카트슨, 베이커리, 직접 골라 담을 수 있는 신선한 해산물, 치즈 코너, 와인 코너 등 유럽형 신선 식품들도 많다. 특히 양갈비나 양념된 스테이크, 각종 향신료 등의 기호품도 많아 서양 음식에 필요한 재료들을 구경하는 재미도 있다.

싱가포르 패션 브랜드, 찰스앤키츠(Charles&Keith)

지금까지는 다른 나라에서 수입한 제품과 브랜드들을 소개하였다. 반면 싱가포르에도 이 작은 도시국가에서 시작하여 전 세계에 진출한 패션 브랜드가 있다. 개인적으로 매우 선호하는 브랜드이며 싱가포르를 방문한 한국인들에게도 인기가 많다. 우리나라에도

▸ 찰스앤키츠 매장

매장이 19개나 있는 세계적인 브랜드이다.[37] 사실 싱가포르에 와서 푹 빠진 액세서리 브랜드, 찰스앤키츠이다. 수시로 부담 없이 계속 방문하다 보니 브랜드 마니아가 되었다. 찰스와 키츠는 1990년도에 부모님이 하던 신발가게 앙모키오Ang Mo Kio에서 기술을 배우고, 1996년에 신발 전문점으로 사업을 시작하였다고 한다. '적정한 가격의 세련된 신발'을 파는 것이 그들의 전략이다. 좋은 가격을 유지하기 위해 도매업자가 아닌 재료상한테 직접 자재를 구매한다고 한다. 이후 트렌드에 맞춰 유럽 모델들을 섭외하여 광고를 내고, SNS 마케팅으로 유명해지면서, 2000년부터는 외국으로 진출하기 시작하였다. 한국에서도 만날 수 있는 브랜드이지만, 싱가포르에서는 더 크고 많은 아이템들이 있어, 구두, 가방, 액세서리 등 선택의 폭이 크다. 더구나 아이템마다 소량의 재고를 가져갈 뿐 아니라 회전율도 매우 빠른 편이라 맘에 드는 제품이 있다면 바로 구매를 해야 한다. 명품 브랜드들의 트렌드와 디자인에 손색이 없을 정도로 세련된 제품들을 재빨리 론칭하고 소진하는 전략을 구사하고 있어 어느 매장이나 고객들이 가득 차 있다. 가격은 대략 30~50달러 사이에 형성되어 있어 선물용으로 대량 구매하는 고객들도 많다.

---

37 찰스앤키츠, https://www.charleskeith.com/sg/storelocator/index/index/

싱가포르 유통업체 소개

▸ 뎀시힐 후버스부처리와 동상

싱가포르 유통업체 소개

구분	상호명	개요 및 특징	득템리스트
서양식	마켓 플레이스 (Market Place)	싱가포르에 거주하는 엑스팟들이 이용하는 최상급 슈퍼	치즈, 살라미 등 최상급 프리미엄 고메, 미국산 가공품과 해외 와인
	푸디마켓 플레이스 (Foodie Market Place)	티옹바루 핫플레이스 입구에 위치한 작지만 알차고 저렴한 쇼케이스 정육점	호주산 스테이크, 이탈리아산 치즈 및 파스타, 소스와 양념
	후버스부처리 (Huber's butchery)	뎀시 힐에 위치한 독일식 그로서리와 브런치 카페를 겸한 정육점	호주산 및 일본 와규 소고기, 독일식 소시지, 각종 와인
	막스앤 스펜서 (Marks&Spencer)	의류, 식품, 가정용품 등을 판매하는 영국의 다국적 유통 브랜드	각종 쿠키와 잼(Jam)
일본식	돈돈돈키 (DonDon Donki)	홋카이도에서 시작한 박리다매형의 만물백화점	일본 간장, 과자, 라면, 후리가케, 각종 마요네즈, 치즈케이크
	도큐핸즈 (Tokyu Hands)	각종 아이디어 생활용품	일본 화장품, 건강 및 미용 제품, 일제 문구류
	메이디야(Meidi-ya) 슈퍼마켓	식품 중심 대형 슈퍼마켓	홋카이도 각종 식료품
	이세탄(Isetan) 백화점	일본 백화점 브랜드로 자카르타, 방콕 등 동남아시아에도 지점이 많음	일본 직수입 고가(高價) 과일 및 각종 반찬
	무지 (Muji)	'미니멀라이프'를 추구하는 일상생활용품브랜드, 한국에서는 '무인양품'이라고 함.	Muji Meal에서 파는 일본가정식 백반, 1인용 다양한 소스(Source)와 간식류

싱가포르 유통업체 소개

구분	상호명	개요 및 특징	득템리스트
인도 및 중동	무스타파(Mustafa) 쇼핑센터	세계 각종 식료품은 물론 화장품, 생활용품, 미용 용품, 의류 등의 만물 백화점	부에노 초콜릿, 부엉이 커피, ellips 비타민 헤어 마스크 등
싱가포르 현지	페어 프라이스 (Fair Price)	현지인들이 가장 많이 이용하는 슈퍼마켓	부엉이 커피
	골드스토리지 (Cold Storage)	싱가포르 대형 슈퍼마켓 체인점	카야잼, 락사누들, 칠리크랩소스
	찰스앤키츠 (Charles&Keith)	명품 브랜드 디자인과 유사한 트렌디한 가방 및 신발 브랜드	가방, 신발, 지갑, 액세서리

▸ **무지카페의 소스들**

싱가포르 득템 리스트

‣ M&S_레몬스프레드 ‣ M&S_스콘 ‣ Muji_간편소스 ‣ 돈키_모밀 간장

‣ 돈키_일본산 멜론 ‣ 부엉이 커피 ‣ 헤어마스크 ‣ 히말라야 핸드크림

엄마~

일본 마트에 다녀오시면 일식돈부리, 나베, 스끼야끼, 페어 프라이스에 다녀오시면 현지식삼발깡꿍, 홍콩카일란, 시금치조차도 데치는 것이 아니라 기름에 볶아서, 마켓 플레이스에 다녀오시면 서양식양갈비 구이 혹은 스테이크와 와인, 치즈, 리틀인디아라도 다녀오시면 닭 다리가 가득 찬 인도식 카레, 한국 마트에 다녀오시면 부대찌개 등 싱가포르에서는 저녁 메뉴가 다양하게 변화하는 것을 느낄 수 있었어요. 해당하는 나라의 음식을 오젠틱하게 요리 할 수 있다고 좋아하시는 한편, 장을 한 곳에서 보기가 어렵다는 불평도 하셨죠.

지구의 모든 대륙에서 온 물건들을 싱가포르라는 조그마한 나라에서 보면서 옛날의 추억들이 하나씩 새록새록 났던 것 같아요. 특히 탱린몰에 있는 마켓 플레이스 식품들을 천천히 둘러보면서 5살에서 8살 사이에 미국에서 사 먹었던 냉동 팬케이크, 유리병 안에 들어 있는 달콤한 피클, 학교에서 간식 시간에 강제로 먹어야 했던 건포도 등을 보며 추억을 하나씩 떠올릴 수 있었어요. 양갈비나 프랑스산 각종 치즈, 요거트 등은 파리 생활들을 상기해 주네요. '돈돈돈키', 처음 고등학교 때 오사카로 수학여행 가서 그곳은 꼭

들러야 한다는 친구들의 말에 얼떨결에 따라가서 눈이 휘둥그레졌던 기억도 나네요. 그 모든 물품을 싱가포르에서 찾을 수 있다는 점이 너무 반가웠어요.

이렇게 하나씩 떠오르는 각 나라에서의 추억들을 보면서 정말 지금까지 많은 여행과 경험들을 했다는 것을 새삼 다시 느끼게 되었어요. 그리고 그 수많은 경험과 함께 싱가포르 라이프라는 짧은 경험도 더해져 저의 삶을 보다 풍성하게 해 준 것 같네요.

이러한 모든 기회를 주신 부모님께 감사하다는 말씀으로 마무리를 하고 싶어요.

미국, 프랑스 파리, 싱가포르. 세 번째 해외 생활이구나. 지금은 추억이 되고 살아가는 힘도 되었겠지만, 실제로 여러 나라를 옮겨 다니며 적응하기가 어려웠으리라 생각한다. 그때는 엄마 아빠도 적응하느라 너를 제대로 보듬어 주지도 못했는데도 이제는 좋은 추억으로 생각해 주고 고마워 해주니 엄마도 무척 고맙구나.

세 번에 걸쳐 이방인으로 살았던 시간들이 우리에게 준 것들이 많구나. 우선은 다양한 현상과 사물을 객관적으로 그리고 새로운 시각으로 볼 수 있게 되었단다. 현지인의 삶이나 정책도, 우리나라의 정치 경제 사회 문제 등도 제3자의 관점에서 보게 되더라. 또한 우리나라에 관한 일도 글로벌한 관점에서 접근하게 되고. 그래서 편견이나 자신만의 완고함에서 벗어나 인간과 사물에 대한 너그러운 견해를 갖게 된 거 같다. 나 자신도 제삼자의 입장에서 돌아보는 시간과 관점도 생기고, 그래서 골프라는 운동을 하면서도 살아온 나의 생각과 방식을 빗대어 반성도 하게 되네.

그리고 낯선 나라에 사는 기회를 통해 새로운 세상에 대한 탐색하는 기술을 익힐 수 있었단다. 스스로 탐색하고 새로움을 발견하는 태도도 생기면서 행복해지는 방법도 알게 되었지. 행복을 느낄 수 있는 주위의 일들은 많지만, 이를 무시하거나 제대로 발견하지 못하기 때문에 불행해진다는 실험결과도 있듯이, 낯선 곳이라도 좋은 점만을 찾아 재밌게 즐기는 것이 필요한 것 같구나. 처음에는 낯설고 새로웠던 종교, 언어, 생활 습관 및 방식 등도 적응하기 나름이라는 생각도 하게 되었단다. 또한 '천외유천天外有天 즉, 하늘 밖에 또 하늘이 있다'는 말처럼 우리가 보는 세상이 전부가 아니라는 생각으로 항상 새로움에 도전하며 살아가 보자.

[부록 1]
모녀 여행의 첫 출발이 싱가포르인 이유?

1. 친환경적이고 안전하고 깨끗한(Green, Safe, Clean) 나라

싱가포르는 1960년대부터 정부의 주도하에 치밀하게 계획되어 만들어진 도시국가인만큼 도시 내 녹지 환경은 물론 건물, 도로, 교통수단, 기타 인프라 등이 친환경적이고 이용자에게 매우 최적화되어 있다. 또한 엄격한 법치주의하에 운영되고 있어 다른 어떤 나라보다 안전하다. 더구나 CCTV 등 국민의 안전을 위한 인프라가 곳곳에 설치되어 있어 강력 범죄가 적은 나라이기도 하다. 여성들이 여행하기에는 국가 운영 시스템이 잘 되어 있어 다른 어느 나라보다도 신뢰할만하다.

예를 들어, 대중교통 이용 시에는 음료나 간식거리조차 먹는 것이 금지되어 있어 항상 깨끗하다. 수시로 택시를 이용해 본 경험을 통해 느낀 것도 항상 깨끗하고 제공되는 서비스가 일정 수준 이상으로 일관성이 있어 신뢰가 간다는 점이다. 반면 싱가포르는 국방비 지출이 높은 편이다 GDP의 약 19%. 이는 중국을 비롯한 동남아시아, 유럽의 거부들의 안전 자산을 유치하는 주요 요인이 되기도 하는데, 결국 싱가포르가 얼마나 안전한 곳인지를 다시금 알 수 있는 반증(?)이다.

우리나라 지하철에 해당하는 MRT는 싱가포르 도시 전체를 아우르는 교통수단으로, 쉽고 편리하게 이용할 수 있어 여행자들의 든든한 발(?)이 되어 준다. 싱가포르 땅 자체가 크지 않기 때문에 MRT 이용만으로도 싱가포르 중심부 및 섬 구석구석까지 둘러볼 수 있다. 첫 노선은 1987년에 개통되었으며 급속한 성장과 함께 현재 5개의 노선 107개의 철도역이 운영되고 있다.

2. 동서양의 적절한 조화가 이루어 낸 이국적 환경

싱가포르는 대형 글로벌 기업에서 근무하는 (서양) 외국인들, 즉 엑스팟들이 가장 선호하는 나라 중 하나이다. 그래서, 한국으로부터 약 6시간이라는 비행으로 아시아를 벗어나 서양의 느낌을 물씬 느낄 수 있는 여행지이다. 전체 거주 인구 중 시민권을 가진 사람을 제외한 영주권자와 단기 체류 외국인 비중은 약 30% 이상인 만큼, 다국적 국가이다. 그래서 유럽풍의 여행, 쇼핑, 식도락, 체류의 멋을 즐기고 싶다면 한국에서 가장 가까운 여행지라 생각된다.

3. 로맨틱한 야경과 나이트라이프 문화

완벽한 조화로움으로 빛나는 싱가포르 밤의 '스카이라인', 크루즈, 조명·분수쇼 등은 싱가포르 여행의 하이라이트 중 하나이다. 적도의 더운 날씨로 인해 밤의 문화가 발달하여 리버사이드의 노천 카페 및 펍, 클럽, 루프탑 바 등 즐길 것들이 가득 찼다. 로맨틱하게, 그리고 달콤하게 즐길 수 있는 이 모든 나이트라이프들을 '조명등이 있음에도 불구하고 벌레가 하나도 없이', 그리고 '맘 편히 안전하게' 누릴 수 있는 곳이 바로 싱가포르다.

4. 쇼핑 홀릭이 가능한 환경

럭셔리 쇼핑에서 하이 스트리트 패션, 그리고 전 세계의 트렌디하고 감각적인 독립 부티크 제품을 만나 볼 수 있는 곳이 싱가포르이다. 또한 다국적민들이 모여 있는 곳인 만큼 유럽 각국 및 미국의 식품과 생활용품은 물론 돈키Donki와 같은 일본 유통브랜드 및 각종 백화점 등에서 세계적인 쇼핑을 할 수 있다. 동남아시아 최고의 쇼핑거리인 오차드 거리, 싱가포르 최대의 럭셔리 쇼핑몰인 마리나베이 샌즈의 더 숍스, 이슬람 풍의 거리인 캄퐁글램의 하지레인Haji Lane, 리틀 인디아의 '무스타파', 다양한 일본 유통 등은 쇼핑의 즐거움을 한껏 더한다. 특히 마리나베이 더 숍스의 루이비통 메종은 전 세계에 단 하나만 있는 라이프스타일 매장이다. 싱가포르는 매년 1,500만 명의 외국인이 방문하는 관광 도시로 전체 유통 시장에서 외국인의 지출이 전체의 18%를 차지하며, 방문하는 외국인들도 인도네시아, 말레이시아 같은 동남아시아 국가 외에 유럽, 중동, 중국, 오세아니아 등 다양하다. 그래서 글로벌 브랜드 인지도를 위해 높이기 위해 많은 브랜드들이 전략적으로 싱가포르를 거점 도시화하고 있어, 핫 아이템들은 한발 빠르게 많이 접할 수 있다.

5. 식도락의 천국

싱가포르는 다인종, 다민족, 다문화의 나라인 만큼 중국, 말레이시아, 인도, 아랍, 이탈리아, 프랑스, 일본 등 세계 요리가 총집결된 식도락의 도시이다. 더구나 중국 요리는 사천·광동·베이징·동북아 등 지역별로 나뉜 전문 레스토랑에서 본연의 맛을 즐길 수 있으며, 일본 요리는 전통 있는 일본 본토 브랜드가 다수 론칭되어 있어 일본에 가지 않고도 맛볼 수 있다. 호커센터 및 현대화된 현지 푸드코트에서 저렴하게 맛볼 수 있는 각종 로컬 음식은 물론 세계 유명한 셰프들의 요리도 즐길 수 있다. 전략적으로 전 세계의 셀러브리티 셰프Celebrity Chef들을 도쿄, 파리, 뉴욕 등에서 영입하여 싱가포르를 '에너지가 넘치는 가스트로노미 시티'로 만들고 있다. 2010년부터 조엘 로부숑Joel Robuchon, 캣 코라Cat Cora, 고든 램지Gordon Ramsay, 데이비드 톰슨David Thomson, 가네사카Kanesaka, 울프강 펔Wolfgang Pck 등이 그들의 이름을 내건 레스토랑들을 차례로 오픈했다. 또한 싱가포르에는 5~10만 원 이내에 즐길 수 있는 미슐랭 스타를 획득한 레스토랑도 많아 가성비 최고의 식사를 즐길 수 있다.

6. 다민족, 다인종, 다문화, 다종교, 다국적 국가의 체험

싱가포르는 18세기 말부터 이주해 온 다양한 종교를 가진 여러 인종과 민족들이 공존하며 다양한 문화를 만들어 낸 국가이다. 중국계가 인구의 75% 이상을 차지하고 있지만, 말레이시아계, 인도계, 그리고 코카시안으로 불리는 유럽 및 미국계 인종들이 함께 살며, 불교, 이슬람교, 힌두교, 기독교 등 다양한 종교의 전통도 유지하고 있다. 그래서 싱가포르에서는 인도에 가보지 않고도 인도인들의 '정통의 생활 모습authentic life'을 볼 수 있는 '리틀 인디아'와 같은 곳이 많다. 싱가포르를 통해 인도, 아랍아랍 스트리트, 말레이시아캄퐁 글램, 중국차이나타운, 영국올드시티 등의 문화와 삶의 모습을 엿볼 수 있다. 각각의 주요 거리에 가면 각국의 정통 음식이며 의류, 생활용품, 기념품 등 진기한 세계 일주 경험을 할 수 있다.

7. 친 여성 인력 정책 등 여성들의 천국

싱가포르는 남성과 여성의 평균 수입의 차이가 적은 나라 중 하나이고, 싱가포르 여성들의 평균 수입은 2만 달러2013년 기준 이상이라고 한다. 싱가포르는 메이드Maid 혹은 Helper

제도를 통해 육아와 살림에 대한 여성의 부담을 덜 뿐 아니라, 식사는 주로 호커센터 등을 이용할 수 있도록 HDB에 전략적으로 마련되어 있어 가족들의 식사를 책임지는 번거로움에서도 벗어나 있다. 이렇듯, 여성이 일할 수 있는 제도가 잘 되어 있는 곳이다. 이러한 여성 인력들은 남성 못지않게 왕성한 사회 활동을 하며 쇼핑, 취미 생활 등 자신들만을 위한 투자를 아끼지 않는다.

[부록 2]
싱가포르 내 종교별 대표 건축물

종교	사원명	특징	주소
도교	시안 혹켕 사원 (Thian Hock Keng Temple) (A National Monument)	중국여신, 마초포(Ma Cho Po or Ma Zu)에게 바쳐진 가장 오래되고 유명한 호키엔 사원으로 선원이나 선장들의 기증으로 1821년 건립	158 Telok Ayer Street [차이나타운]
불교	불아사 (Buddha Tooth Relic Temple & Museum)	420kg 순금 사리탑에 부처의 치아를 모시고 있는 사찰	288 South Bridge Road
불교	롱산시 불교 사원 (Leong San See Buddhist Temple)	'Dragon Mountain Gate Temple'이름으로 유명. 1913년 남중국 호키엔 출신의 승려가 관음보살에 헌정하기 위해 지은 불교사원. 사원 마당에 놓여진 커다란 자물쇠 모양의 조형물이 특징. 싱가포르에서 가장 오래된 불교사원 중 하나임	371 Race Course Road [리틀인디아]
불교	샤카무니 부다가야 사원 (Sakya Muni Buddha Gaya Temple)	1927년 태국 승려가 건립한 것으로 높이 15m, 무게 300톤의 불상이 유명	366 Race Course Road [리틀인디아]

종교	사원명	특징	주소
인도 힌두	스리 마리암만 사원 (Sri Mariamman Temple) (A National Monument)	1823년에 건립, 싱가포르에서 가장 오래된 힌두사원. 천연두와 콜레라 같은 질병으로부터 보호와 치료를 해주는 여신 'Mariamman'를 위해 헌정(?)	244 South Bridge Road [차이나타운]
	스리 비리마칼리암만 사원 (Sri Veeramakaliamman Temple)	1855년 타밀(Tamil) 출신 노동자들이 여신 'Kali'에게 바치기 위해 건립	141 Serangoon Road [리틀인디아]
	스리 스리니바사 페루말 사원 (Sri Srinivasa Perumal Temple) (A National Monument)	1855년에 지어진 싱가포르에서 가장 오래된 힌두사원. 160년의 역사를 고스란히 간직한 사원. 힌두교 3대 신 중 평화의 신인 비슈누와 아내인 락슈미의 상이 함께 모셔진 사원. 1~2월에 열리는 힌두교 축제인 타이푸삼의 출발지로도 유명.	397 Serangoon Road [리틀인디아]
인도 무슬림	자마에 모스크 (Jamae Mosque) (A National Monument)	차이나타운에 있는 인도인들의 무슬림 사원으로 1826년에 건립	218 South Bride Road [차이나타운]
	나고르 드루아 쉬린 (Nagore Durgha Shrine) (A National Monument)	남인도 출신 'Shahul Hamid of Nagore'라는 'holy man'을 위해 1827년에 지어진 모스크. 초기 타밀(Tamil)무슬림 정착인들의 커뮤니티 역할	140 Telok Ayer Steet [차이나타운]
	압둘 가푸 모스크 (Abdul Gafoor Mosque) (A National Monument)	1859년 목재형식으로 지어졌다가 1907년 남인도 및 무어 스타일의 혼합형식으로 재건축	41 Dunlop Street

종교	사원명	특징	주소
말레이 무슬림	술탄 모스크 (Sultan Mosque)	1824년에 인도 정부에서 인정한 싱가포르의 첫 종교 지도자 술탄 후세인 샤(Sultan Hussein Shah)에 의해 건립됨. 이슬람 문화의 아이콘	3 Muscatt Street
아르메니안	아르메니아 교회 (Armenian Church) (A National Monument)	1835년 설립. 아르메니안 싱가포르 개척자들의 묘지	Hill Street
기독교	세인트 앤드류 대성당 (St.Andrew's Cathedral) (A National Monument)	성공회 교회. 초창기 영국 고딕 양식	11 St.Andrew's Road
	중국 감리 교회 (Chinese Methodist Church) (A National Monument)	1924년에 건립된 중국인들의 교회	235 Telok Ayer Strret

[부록 3]
싱가포르 민족별 스트리트 푸드[38]

지역	음식명	내용	비고
말레이	피상고랭(pisang goreng)*	바나나 튀김	
	로작(Rojak)	블라찬 드레싱에 뿌린 과일 샐러드	
	첸돌(Chendol)	코코넛과 팜슈거로 만든 디저트	
	미고렝(Mee goring)	볶음국수*	
	칠리크랩(Chilli Crab)*	싱가포르의 대표음식	
	이깐 빠리 빵강 (Ikan pari panggang)	바나나 잎에 싸서 익힌 가오리찜	
	사테이 아얌(Satay ayam)	치킨사테	
	꾸아 까짱(Kuah kaccang)	땅콩소스	
	나시르막(Nasi Lemak)	코코넛 밀크로 지은 밥	
	아팜발릭(Apam balik)	땅콩이 들어간 팬케이크	
	아얌 마두(Ayam madu)	꿀과 참깨가 들어간 양념 치킨	
	카짱 빤장(Kacang panjang)	고추와 토마토를 넣은 롱빈 볶음	
	꾸비스 뚜미스(Kobis tumis)	강황으로 맛을 낸 배추볶음	

---

38 출처: 톰 반덴베르게 &루크시스 저, 유연숙 옮김 '싱가포르 페낭 스트리트 푸드'

지역	음식명	내용	비고
말레이	비프 렌당(Beef Rendang)*	소고기 코코넛 스튜	
	템페 고렝(Tempeh Goreng)	템페 튀김	
	이깐 쎈싸루 블라 블라깡 (Ikan cencaru belah belakang)	삼발 양념을 넣은 고등어 튀김	
	삼발 떼롱(Sambal terung)	삼발소스에 볶은 가지 요리	
	발리통(Balitong)	고둥 커리	
	삼발 블라챈(Sambal belacan)	새우 페이스트가 들어간 삼발 소스	
인도	무르타바(Murtavak)	양고기로 속을 채운 인도식 팬케이크	
	도사이(Thosai)	렌틸콩이 들어간 팬케이크	
	마살라 바다이(Masala vadai)	렌틸콩이 들어간 비스킷	
	카리 달 사유란(Kari dhal sayuran)	채소와 렌틸콩이 들어간 커리	
	키마 커리(Keema curry)	다진 양고기가 들어간 커리	
	망고 라씨(Mango Lassi)	망고가 들어간 요거트 음료	
	탄두리 치킨(Tanduri Chicken)	인도 북부식 요리	
	양고기 커리(Lamb Curry)	양고기로 만든 커리	
	감자 마살라(Potato masala)	양념 감자	
	피시 헤드 커리(Fish Head Curry)*	생선 머리를 재료로 만든 커리	
	양고기 비리야니와 양념밥		
	아짜르 띠문 나나스(Acar timun nanas)	파인애플 피클	
페라나칸	카통락사(Katong laksa)	코코넛 국물에 새조개를 곁들인 국수	
	포피아(Popiah)	게살로 속을 채운 팬케이크	
	페낭락사(Penang laksa)	새콤함과 매콤함이 조화를 이루는 생선국수	
	로박(Loh bak)	양념한 돼지고기와 남방개를 두부피로 싸서 튀긴 요리	
	아삼쁘다스(Assam pedas)	새콤하면서도 매콤한 생선 요리	
	꾸에 딸람(Kuih talam)	판단과 코코넛을 넣고 찐 떡	

지역	음식명	내용	비고
페라나칸	엔첸 카빈(Enche kabin)	닭튀김	
	삼발 우당 쁘다이 (Sambal udang petai)	새우와 프타이 콩이 들어간 삼발	
	끄라부 까장 보뜰(Kerabu kacang botlol)	스캄피 새우를 넣은 위빈 샐러드	
중국	블랙 캐럿 케이크* (Black Carrot Cake)	깍둑 썬 무에 쌀가루를 묻히고 쪄낸 뒤, 각종 재료들과 볶아서 만든 요리	
	비프 콰이 테우 스프 (Beef kway teow soup)	소고기 탕면	
	하이난 치킨 라이스* (Hainan Chicken Rice)	싱가포르의 대표 음식, 닭 육수로 만 든 밥과 닭살을 생강소스와 곁들임	
	차 콰이 테우* (Char kway teow)	새조개와 칠리 페이스트가 들어간 볶음 쌀국수	
	뿌안 생선스프(Fish Soup)	흰살생선살 육수와 생선살로 된 탕	
	박 초 미(Bak chor mee)	다진 돼지고기가 들어간 국수	
	하이난 커리 퍼프 (Hinan curry puff)	감자와 닭고기가 들어간 패스티	
	호키엔 미(Hookkien mee)	호키엔식 해산물 국수	
	로 미(Lor mee)	조린 삼겹살을 곁들인 국수	
	클레이팟 치킨라이스(Claypot chincken rice)	뚝배기에 담아 나오는 치킨라이스	
	바 꾸 떼(Bah ket the)*	돼지 등갈비로 만든 갈비탕	
	굴 오믈렛(Oyster melette)	굴을 곁들인 달걀볶음	
	사테이 비 훈* (Satay bee hoon)	버미첼리 면에 해산물을 곁들여 땅콩소스에 비벼먹는 요리	
	뱀부클램(Bamboo Clam)	당면을 곁들인 맛조개찜	
	슈마이(Shumai)	스캄피 새우와 다진 돼지고기를 넣은 만두	
	쟈오쯔(Jiaozi)	스캄피 새우와 부추를 넣은 만두	
	완탄미(Wantan mee)	완탕면	
	호 펀(Hor fun)*	생선 국물에 해물과 채소가 토핑된 국수	
	라라(Lala)	생강 조개찜	

*(별표) : 추천음식

[부록 4]
오젠틱(Authentic)[39] 푸드 레스토랑

분류	상호명	주소	비고
인도 남부식	마드라스 뉴 우드랜드 (Madras New Woodland)	14 Upper Dickson Rd, Singapore	채식스타일
	코말라스 레스토랑 (Komala's Restaurant)	332 Serangoon Rd, Singapore	채식스타일
인도 무슬림	잠잠 레스토랑 (Zam Zam Restaurant)	699 North Bridge, Singapore	
	빅토리 레스토랑 (Victory Restaurant)	786 North Bridge, Singapore	
일본 3대 장어	만만 우나기 (Man Man Unagi)	#01-01, Keong Saik Rd, Singapore	미슐랭구르멍
	치큐요테이 (Chikuyotei Unagi Specialist)	80 Middle Rd, #01-01 International, Singapore	칸토(kanto) 스타일
	우야 사대목과 천 (Uya)	#02-15/16 Wheelock Place, 501 Orchard Rd, Singapore	칸사이(Kansai) 스타일
일본라면	바이코켄(梅光幹)라면 (Baikoken Ramen)	391 Orchard Rd, Singapore, #B1, Takasymaya Department Store	

---

39 현지의 맛을 그대로 살린, 정통의 맛

　프랑스 파리에서의 교환학생 프로그램이 끝난 후, 의도하지 않게 체류하게 된 싱가포르에서의 6개월은 나의 감정에 굉장히 솔직해질 수 있었던 시간이었다. 나의 일과 감정을 부모님과의 많은 대화를 통해 털어 놓을 수 있었던, 그래서 많이 울고 웃는 소중한 시간이 되었다. 사실 한국에 있으면, 이런 시간을 갖기란 참 힘들다는 것을 너무 잘 안다.

　대학에 들어가자마자, 지금까지 고등학교 때 못했던 동아리, 대외 활동을 하고 싶다는 욕심에 집에서 부모님과 함께한 시간보다는 밖에 나가서 또래 친구들과 함께했던 시간이 훨씬 많았다. 그리고 2~3년 동안 많은 사람들에게 둘러싸여 살다 보니 힘든 일도 많았다. 그때 좋은 일들 위주로 부모님에게 이야기해 줄 수 있었지만, 하소연한 기억들이 더 많았던 것으로 생각이 된다. 하지만 어느 순간 모든 대외 활동 및 동아리들이 끝나고, 인턴을 시작하던 해에 지금까지 해온 네트워킹이 정리되면서부터 나를 진정으로 대하는 친구들 하나하나를 다시 볼 수 있는 시간을 갖게 되었다. 그리고 프랑스 파리로 교환학생 프로그램을 가면서, 만나는 사람이 더 적고 한정이 되면서 나만의 시간을 가질 수 있게 되었다. 이렇게 6개월이라는 짧은 시간 동안 혼자 여행 다니고, 생각을 많이 하게 되면서 조금씩 내면을 강화할 수 있었다.

교환학생 프로그램이 끝나고 고등학교 친구들과 유럽 여행을 하고 잠시 싱가포르로 오게 되었다. 그리고 다시 나의 커리어를 쌓아야겠다는 생각에 인턴 자리를 찾다가 루이비통에 합격을 하게 되었다. 하지만 추후에 비자 문제로 인해 일은 못하게 되어 많이 절망했다. 부모님 붙잡고 울기도 하면서 싱가포르의 생활이 시간을 허비한다는 생각이 들었었다. 그래서 뭐라도 해야겠다는 생각에 싱가포르를 돌아다니며 하나하나 연구하고 사진 찍고 관련된 책을 읽으면서 네이버 블로그에 포스팅을 하기 시작하였다. 그리고 이렇게 콘텐츠가 쌓여가면서, "나도 싱가포르에 있는 동안에 책 한 권이나 쓸까?"라는 생각이 들었다. 엄마도 파리에 있는 동안^{내가 중1~고1을 파리에서 보냈다} 블로그에 이야기를 하나씩 올리다가 책 한 권을 출간하신 적이 있었다. 그래서 엄마에게 제안해 보았더니, 흔쾌히 받아 주셨고 공동으로 쓸 생각으로 이 책을 써갔다.

위에서 말했듯이, 내 감정에 솔직해질 수 있었던 이유는 부모님과 많은 대화를 나눌 수 있었기 때문이라고 생각이 든다. 한국에서는 공부, 학점 관리, 동아리, 대외 활동, 인맥 관리 하느라 부모님과 단둘이 앉아서 진실한 대화를 하기에 너무 시간이 없었고 시간이 아깝다는 생각이 든다는 생각에 이런 시간을 가져 본 적이 없었던 것 같다. 하지만 싱가포르에서는 엄마와 온종일 붙어 있으며 무위의 시간들을 보냈다. 가끔 부모님과 바에 가서 한잔하면서 내가 살면서 느꼈던 감정과 사건들을 하나하나 풀어내고 속에 쌓여 있던 것들을 끌어낼 수 있었던 시간을 가질 수 있었다. 그리고 어떤 이슈들에 대해서 내가 잘했던 점과 못했던 점을 하나하나 설명해 주시는 부모님과의 대화를 통해 사건도 명확해지고 내가 어떤 감정을 느꼈는지 알게 되는 신기한 시간을 가질 수 있었던 것 같다.

갑자기 나에게는 6개월이라는 긴, 그리고 여유로운 시간이 주어졌지만, 한국에 있는, 하루하루가 너무 바쁜 친구들은 이런 시간 갖기 굉장히 힘들 거라는 것을 안다. 그래서 나는 이 말을 하고 싶다. 부모님과 여행을 떠나라! 모녀 여행, 부녀 여행, 부자 여행, 모자 여행 어떤 형태든 좋다. 온 가족이 같이 가는 여행도 좋지만, 둘이서 한번 떠나보라는 말을 하고 싶다. 부모 두 분 다 있을 때 할 수 있는 말이 있고, 단둘이 있을 때 할 수 있는 말이 있다. 둘이서 1박 2일 또는 2박 3일 짧은 여행도 좋다! 꼭 여행을 가서 아버지 또는 어머니에게 하고 싶었던 말, 부모님에게 고마웠던 점, 서운했던 점 또는 털어놓고 싶었던 고민거리를 공유해 보길 바란다.

부모님과 대화를 많이 안 해 본 사람은 처음에 어려울 수도 있다. 하지만 처음이 어려운 거지, 시작만 하면 봇물이 터지듯이 터져 나올 거라 생각한다. 이렇게, 짧은 여행이라도 많은 이야기를 할 수 있고 그 짧은 시간 동안 서로에 대해 몰랐던 것을 알고 친해지는 시간을 가질 수 있을 것이다.

나는 이런 생각으로 이 책을 모든 부모와 자식 사이에 있는 친구들에게 바친다.

유지원